500 Hidden Secrets
STOCKHOLM

EINLEITUNG

Das Ziel dieses Buchs ist es, Ihnen die schönsten Seiten der schwedischen Hauptstadt hinter ihren sich vielfach im Wasser spiegelnden Fassaden nahezubringen. Einerseits ist Stockholm eine dynamische Metropole, in der Einflüsse aus aller Welt zu spüren sind – ein Ort voller technischer Innovationen und Kreativität. Wer spannende Kunstmuseen oder angesagte Hotels liebt, findet sie hier. Daneben ist das nordische Erbe Stockholms überall präsent, von historischen Gebäuden über die traditionelle Kaffeepause *Fika* bis hin zum minimalistischen Design. Spritzige Modernität und zeitlose Schönheit: Stockholm hat beides.

Die Innenstadt ist flächenmäßig gut überschaubar und fußgängerfreundlich angelegt. Wenn man das Zentrum der Stadt zu Fuß erkundet, wird schnell klar, wie jede Insel und jedes Viertel miteinander verbunden sind. Das Metro-System – nebenbei die längste Kunstausstellung der Welt – macht es möglich, die verschiedenen Stadtteile auch außerhalb des belebten Zentrums zu erkunden. Sie werden nicht enttäuscht sein, wenn Sie sich auf den Weg machen; Stockholm ist eine blühende Stadt, die viel zu bieten hat.

Dieses Buch verzichtet auf überbewertete Touristenattraktionen zugunsten von versteckten Geheimplätzen, die sowohl Schwedenliebhaber von auswärts als auch so manchen Einheimischen überraschen werden. Erwarten Sie schrullige Details und interessante Fakten über berühmte Orte und zeitlose Klassiker! Erfahren Sie mehr über die verborgenen Schätze der größten Stadt Skandinaviens und tauchen Sie ein in die einzigartige Atmosphäre Stockholms!

ÜBER DAS BUCH

Dieser Reiseführer listet 500 interessante Tipps zu 100 verschiedenen Kategorien in Stockholm auf. Bei den meisten handelt es sich um Orte, deren Besuch sich lohnt, und um praktische Informationen, die Ihnen helfen, sich zurechtzufinden und die Stadt und ihre Bewohner besser kennenzulernen. Dieses Buch soll inspirieren, anstatt Stockholm von A bis Z zu erfassen.

In jedem Eintrag sind eine Nummer, die Adresse sowie der jeweilige Stadtteil (z. B. Södermalm) verzeichnet, damit Sie die Orte auf den Karten am Anfang des Buchs finden. Suchen Sie nach der Karte des entsprechenden Viertels und dann nach der Nummer. Wichtiger Hinweis: Die Karten sind nicht besonders detailliert und können nur einen groben Überblick geben. Genauere Stadtpläne erhalten Sie bei jeder Touristeninformation oder im Hotel. Oder Sie geben die gesuchte Adresse einfach in Ihr Smartphone ein.

Bitte bedenken Sie auch, dass eine Großstadt wie Stockholm sich ständig verändert, dass der hochgelobte Chefkoch vielleicht ausgerechnet bei Ihrem Besuch einen schlechten Tag erwischt hat oder dass ein in diesem Buch ausgezeichnet bewertetes Hotel inzwischen unter einem neuen Management an Qualität verloren hat. Darüber hinaus ist die hier vorgestellte Auswahl eine sehr persönliche, mit der Sie vielleicht nicht immer übereinstimmen. Wenn Sie einen Kommentar hinterlassen, eine Bar empfehlen oder Ihren Lieblingsort verraten wollen, besuchen Sie *www.the500hiddensecrets.com* – dort finden Sie auch Tipps und Neuigkeiten zu dieser Buchreihe – oder folgen Sie *@500hiddensecrets* auf Instagram.

DIE AUTORIN

Antonia af Petersens ist in Stockholm aufgewachsen und arbeitet als Schriftstellerin und Journalistin. Sie schreibt für verschiedene schwedische Zeitungen, Web-Publikationen und Lifestyle-Magazine. Ihr Buch »New Nordic Colour« beschäftigt sich mit skandinavischen Interieurs.

Antonia hat bereits in mehreren Stadtvierteln gelebt: im historischen Zentrum Gamla stan, in der eleganten Gegend um Humlegården in Östermalm, im gemütlichen Birkastan und auf der malerischen Insel Lidingö, die zum Schärengarten gehört. Seit 2012 wohnt sie in Kungsholmen, sie liebt die Strandpromenaden der »Königsinsel« und genießt den Blick auf das Schloss Karlberg von ihrem Balkon. Sie kennt fast jede Straße und Gasse ihrer Heimatstadt, ist aber stets neugierig, für sie bislang unbekannte Plätze und Winkel zu erkunden.

Die Autorin dankt all jenen, die Tipps zur Stadt weitergegeben haben. Ihr Dank geht an Karolina Modig für ihr Wissen über Stockholms Kunstszene und an Beatrice Längberg und Dominique Wiklund für ihre Recherche der besten Clubs und Musikspots. Antonia dankt Dettie Luyten für ihre freundliche Anleitung beim Verfassen dieses Buchs. Nadja Endler, danke, dass Sie durch ganz Stockholm gereist sind, um die Vielseitigkeit der Stadt einzufangen! Last but not least: Die Recherche und das Schreiben dieses Buchs wäre ohne die Unterstützung, Begleitung und Ermutigung von Antonias Ehemann Axel weitaus schwieriger und weniger angenehm gewesen. Und schließlich ist Antonia dankbar, dass sie eine Familie hat, die seit Generationen in Stockholm lebt und die ihre geheimen Lieblingsplätze mit allen Lesern dieses Buchs großzügig teilt.

STOCKHOLM
Überblick

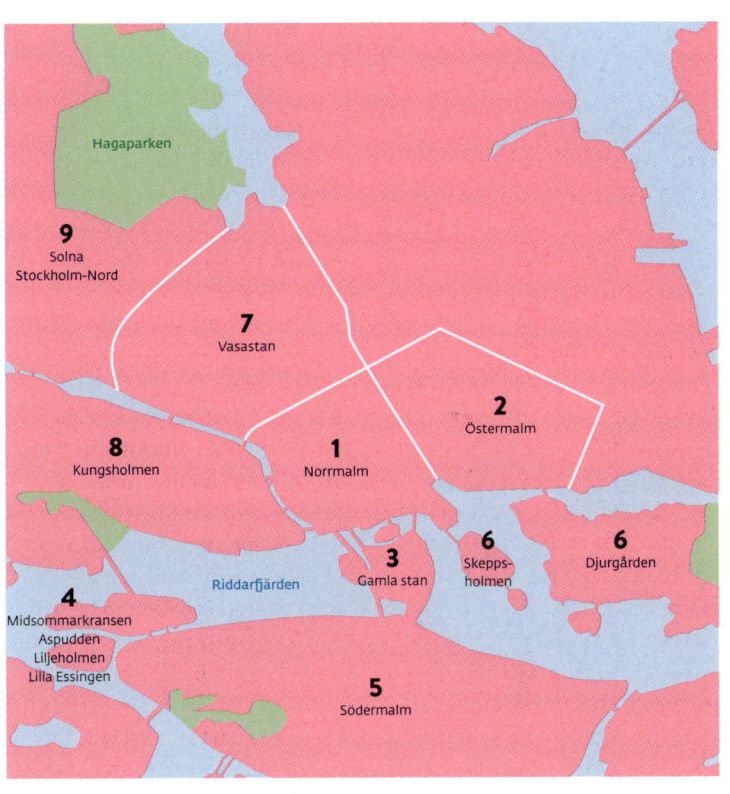

Karte 1
NORRMALM

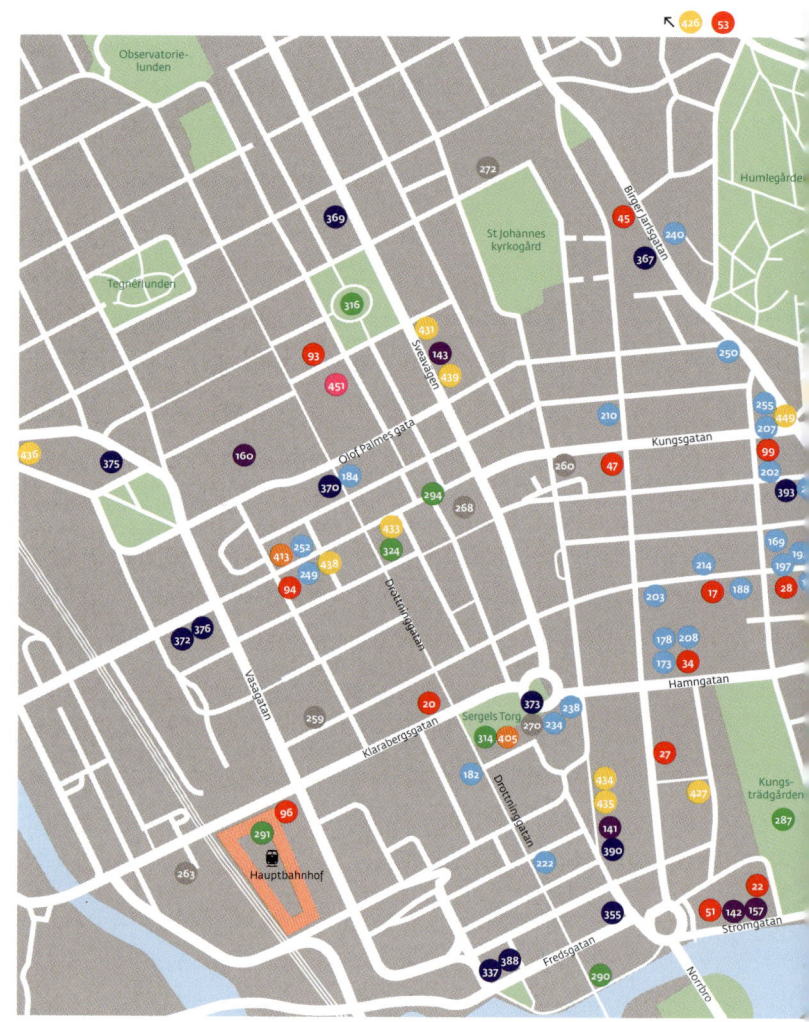

ESSEN — TRINKEN — SHOPPEN — ARCHITEKTUR — ENTDECKEN — KULTUR — KINDER — SCHLAFEN — WOCHENENDE — QUERBEE

Karte 2
ÖSTERMALM

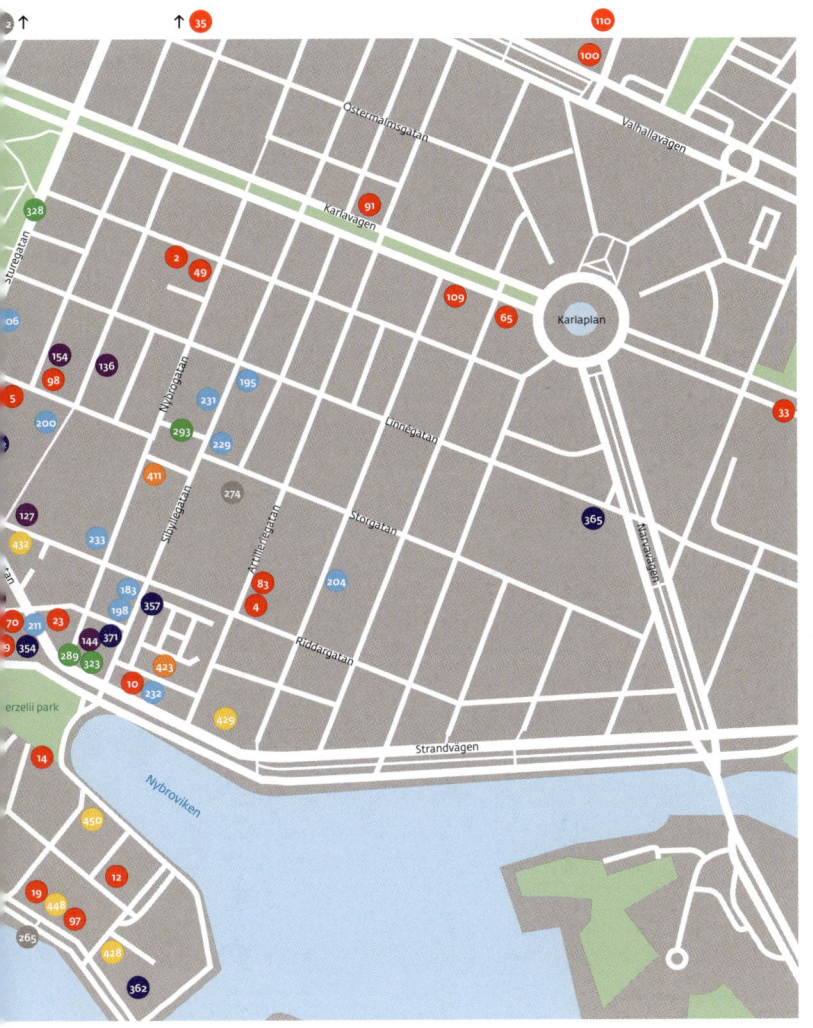

Karte 3
GAMLA STAN

Karte 4
MIDSOMMARKRANSEN, ASPUDDEN, LILJEHOLMEN
und LILLA ESSINGEN

Karte 5
SÖDERMALM

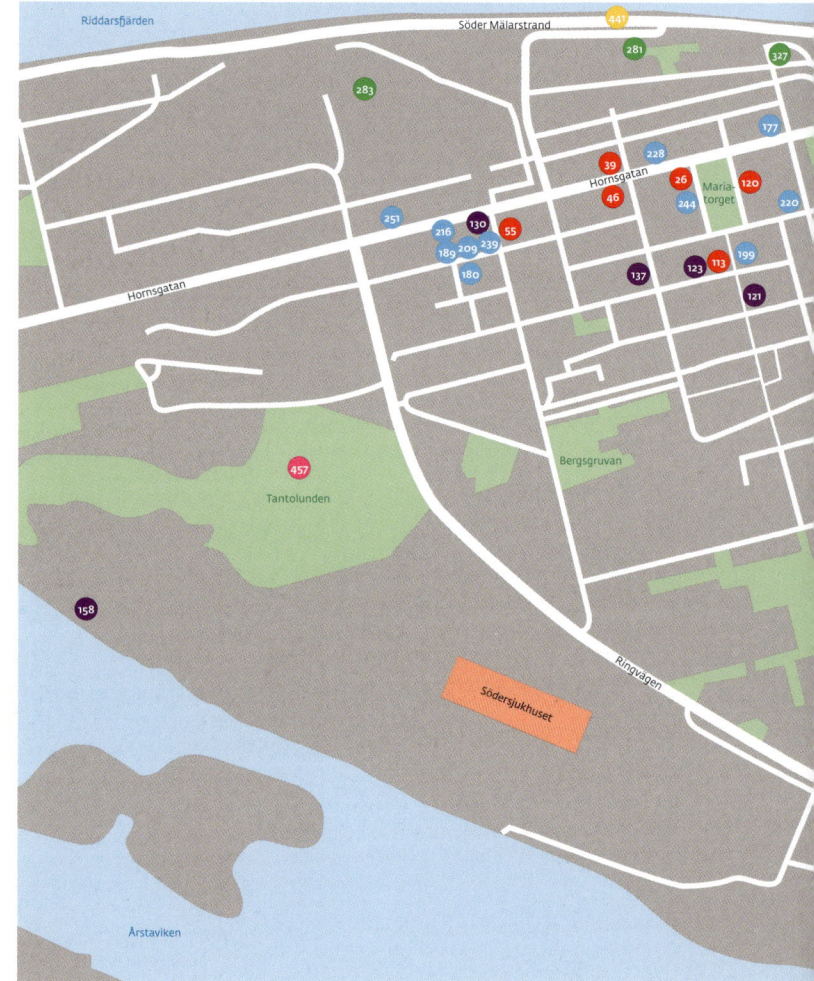

ESSEN — TRINKEN — SHOPPEN — ARCHITEKTUR — ENTDECKEN — KULTUR — KINDER — SCHLAFEN — WOCHENENDE — QUERBEET

Karte 6
SKEPPSHOLMEN
und DJURGÅRDEN

ESSEN — TRINKEN — SHOPPEN — ARCHITEKTUR — ENTDECKEN — KULTUR — KINDER — SCHLAFEN — WOCHENENDE — QUERBEET

ESSEN — **TRINKEN** — SHOPPEN — ARCHITEKTUR — ENTDECKEN — **KULTUR** — KINDER — SCHLAFEN — WOCHENENDE — QUERBEET

Karte 7
VASASTAN

ESSEN — TRINKEN — SHOPPEN — ARCHITEKTUR — ENTDECKEN — KULTUR — KINDER — SCHLAFEN — WOCHENENDE — QUERBEET

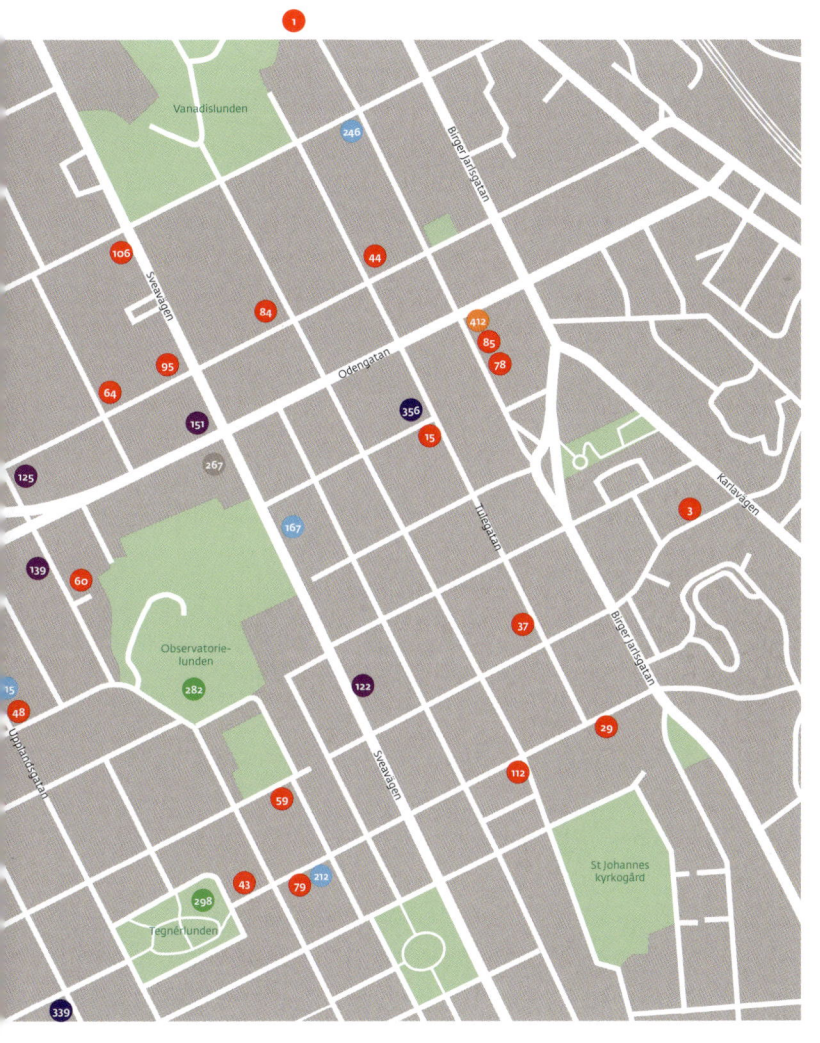

ESSEN — TRINKEN — SHOPPEN — ARCHITEKTUR — ENTDECKEN — KULTUR — KINDER — SCHLAFEN — WOCHENENDE — QUERBEET

Karte 8
KUNGSHOLMEN

ESSEN — TRINKEN — SHOPPEN — ARCHITEKTUR — ENTDECKEN — KULTUR — KINDER — SCHLAFEN — WOCHENENDE — QUERBEET

Karte 9
SOLNA *und*
STOCKHOLM-NORD

ESSEN — TRINKEN — SHOPPEN — ARCHITEKTUR — ENTDECKEN — KULTUR — KINDER — SCHLAFEN — WOCHENENDE — QUERBEET

ESSEN – TRINKEN – SHOPPEN – ARCHITEKTUR – ENTDECKEN – KULTUR – KINDER – SCHLAFEN – WOCHENENDE – QUERBEET

120 PLÄTZE, UM ESSEN ZU GEHEN ODER GUTES ESSEN ZU KAUFEN

Die 5 besten Restaurants der **NEUEN NORDISCHEN KÜCHE** —————— 24

5 gemütliche Plätze für ein **ESSEN AM WASSER** — 26

Die 5 besten Lokale für **FISCH UND MEERESFRÜCHTE** ——————————————— 28

5 Restaurants, die **VEGETARIER** *lieben* —————— 30

Die 5 besten Orte, um **KÖTTBULLAR** *zu probieren* — 32

5 tolle Orte für **GESUNDES FAST FOOD** ———— 35

Die 5 besten Plätze, um **MITTAGS ESSEN** *zu gehen* 38

Die 5 besten **ASIATISCHEN RESTAURANTS** —— 41

5 empfehlenswerte Orte für **FLEISCHFANS** ——— 43

Die 5 besten Adressen für **SCHNELLE SNACKS** — 45

Die 5 besten **ROMANTISCHEN SPEISELOKALE** 47

5 Favoriten von **FREIBERUFLERN** —————— 49

Die 5 besten Plätze für ein **FABELHAFTES FRÜHSTÜCK** ————————————— 52

5 **LEGENDÄRE RESTAURANTS** ————— 54

5 Restaurants mit **GROSSARTIGER AUSSICHT** — 56

Die 5 besten Plätze, um mit **EINHEIMISCHEN ZU SPEISEN** ———————————————— 58

5 **KLEINE** und **SPEZIELLE** Orte zum Essen ——— 60

5 versteckte **INNENHÖFE** ————————— 62

Die 5 besten Plätze für eine traditionelle **FIKA** (Brotzeit mit Kaffee) ————————————— 64

5 Restaurants mit **AUSSERGEWÖHNLICHEM DESIGN** ———————————————————— 67

Die 5 schönsten **GARTENCAFÉS** ——————— 70

5 Fachgeschäfte für **SCHWEDISCHE SÜSSIGKEITEN** ————————————————— 72

5 herausragende **BÄCKEREIEN** ——————— 74

Die 5 besten **EISDIELEN** ——————————— 76

Die 5 besten Restaurants der
NEUEN NORDISCHEN KÜCHE

---

1 **AGRIKULTUR**
Roslagsgatan 43
Vasastan ⑦
+46 (0)8 15 02 02
agrikultur.se

In diesem kleinen, gemütlichen Restaurant genießen die Gäste saisonale schwedische Produkte in einem einladenden Ambiente, das alle üblichen Elemente einer Schauküche vereint. Das Restaurant bietet eine täglich wechelnde Speisekarte. Tipp: Schnappen Sie sich einen der Sitzplätze an der Bar!

2 **VOLT**
Kommendörsgatan 16
Östermalm ②
+46 (0)8 662 34 00
restaurangvolt.se

Bei Volt können Sie zwischen einem Menü aus vier oder sechs Gängen wählen. Das Konzept steht vollkommen im Einklang mit dem neuen Stil der Nordischen Küche, bei dem Nachhaltigkeit und die Natur je nach Jahreszeit vorgeben, was auf dem Teller landet.

3 **ADAM/ALBIN**
Rådmansgatan 16
Vasastan ⑦
+46 (0)8 411 55 35
adamalbin.se

Adam und Albin schaffen es, das lokale mit dem internationalen Flair zu verbinden. Das Gründer-Duo ist inspiriert von Lebensmitteln aus aller Welt und schafft – seine nordischen Wurzeln nie verleugnend – ein lässiges Feinschmecker-Erlebnis. Es gibt ein fünfgängiges Menü, aber Sie können auch à la carte wählen.

4 **GASTROLOGIK**
Artillerigatan 14
Östermalm ②
+46 (0)8 662 30 60
gastrologik.se

Gastrologik versteht sich als Edelrestaurant, das die Neue Nordische Küche sehr ernst nimmt. Sein Überraschungsmenü und der innovative Kochstil orientieren sich an den Zutaten und Produkten, die das Klima, die Landschaften und Gewässer Schwedens hergeben. Der minimalistische und elegante Innenraum verwandelt sich dann in eine gepflegte Kulisse für erstaunliche Gerichte.

5 **EKSTEDT**
Humlegårdsgatan 17
Östermalm ②
+46 (0)8 611 12 10
ekstedt.nu

Die traditionelle Küche, einschließlich dem Kochen über offenem Feuer, liegt wieder voll im Trend. Seit der Eröffnung 2011 gab es zahlreiche Lobeshymnen auf das Ekstedt. Die meisten der Kochtechniken gehen zurück auf längst vergangene Zeiten. Hier gibt es keine Elektroherde, nur Hitze, Rauch, Ruß, Asche und Feuer.

3 ADAM/ALBIN

5 gemütliche Plätze für ein
ESSEN AM WASSER

---

6 **HJERTA**
  Slupskjulsvägen 28-B
  Skeppsholmen ⑥
  +46 (0)8 611 41 00
  restauranghjerta.se

Mitten auf der idyllischen Insel Skeppsholmen liegt Hjerta (schwedisch für »Herz«). Dieses angenehme Lokal im Herzen der Stadt ist ein großartiger Ort, um gute, hausgemachte Mahlzeiten zu sich zu nehmen und den Blick über die alten Schiffe am Kai schweifen zu lassen.

7 **OAXEN SLIP**
  Beckholmsvägen 26
  Djurgården ⑥
  +46 (0)8 551 531 05
  oaxen.com/bistro-slip

Das Oaxen Slip bietet eine unbeschwerte Atmosphäre und schmackhafte, unkomplizierte Gerichte. Entdecken Sie die Aromen von Hering, Pfifferlingen und Moltebeeren, die auf kultigem Retro-Geschirr serviert werden! Dabei können Sie die herrliche Aussicht auf die Insel Beckholmen durch die großen Fenster genießen.

8 **LUX DAG FÖR DAG**
  Primusgatan 116
  Lilla Essingen ④
  +46 (0)8 619 01 90
  luxdagfordag.se

In dem schönen Backsteingebäude aus dem frühen 20. Jahrhundert werden die wahrscheinlich frischsten Gerichte der Stadt serviert! Das Restaurant an der Strandpromenade von Lilla Essingen arbeitet mit lokalen Produzenten zusammen, die es mit saisonalen Produkten oder dem Fang des Tages beliefern.

9 **PIREN**
Kristinebergs strand 2
Kungsholmen ⑧
+46 (0)8 618 30 30
piren-bar.se

Auch dank des Rundumblicks auf den Ulvsundasjön hat sich das Piren zum Hotspot in Kungsholmens Neubauviertel Hornsberg entwickelt. Es gibt ein modernes Menü mit klassischem Touch und dazu das ganze Jahr über einen fantastischen Meerblick.

10 **MILLES**
Strandvägen 1
Östermalm ②
+46 (0)8 663 80 02
mmilles.se

Trotz seiner vornehmen Adresse wirkt das Ambiente bei Michelle van der Milles, auch bekannt unter dem schlichten Namen Milles, einfach und entspannt. Das Interieur stellt einen geschmackvollen Mix aus pastellfarbenen Wänden, Leder, Marmor und zeitgenössischer Kunst dar. Die Außenterrasse ist extrem beliebt. Sie gilt als der beste Platz für einen Blick aus der ersten Reihe auf die schicken Passanten und den Bootsverkehr im Hafen.

7 OAXEN SLIP

Die 5 besten Lokale für
FISCH UND MEERESFRÜCHTE

---

11 **STUREHOF**
Stureplan 2
Östermalm ①
+46 (0)8 440 57 30
sturehof.com

Die Gäste lieben die exquisiten Meeresfrüchte und das großartige Ambiente in dieser jahrhundertealten Brasserie. Auf dem Sturehof wird während der großzügigen Öffnungszeiten die ganze Woche hindurch bestes Essen serviert.

12 **B.A.R**
Blasieholmsgatan 4-A
Norrmalm ②
+46 (0)8 611 53 35
restaurangbar.se

Das B.A.R. ist ein interessanter Mix aus Restaurant und Marktplatz. Entlang der eleganten Halbinsel Blasieholmen gilt dieser Ort als ein Treffpunkt für Fischliebhaber, die es sich entweder vor Ort schmecken lassen oder auf dem Heimweg anhalten, um frische Meeresfrüchte fürs Abendessen mitzunehmen.

13 **LE BISTRO DE WASAHOF**
Dalagatan 46
Vasastan ⑦
+46 (0)8 32 34 40
wasahof.se

Genießen Sie im gegenüber des Vasaparken gelegenen Wasahof das Beste, was das Meer zu bieten hat und lauschen Sie dabei klassischer Musik oder Opernklängen. Vergessen Sie nicht, die Spezialität des Hauses zu kosten: Austern! Die Austernbar serviert ein breitgefächertes Angebot.

14 **WEDHOLMS FISK**
Nybrokajen 17
Norrmalm ②
+46 (0)8 611 78 74
wedholmsfisk.se

Weiße Tischdecken, tadelloser Service und traditionelle Küche. Wedholms Fisk war im Laufe der Jahre bereits Gastgeber für Königsfamilien und Prominente. Die Speisekarte bietet eine Reihe von klassischen Gerichten und stellt eine gute Option für alle dar, die weniger Wert auf Trends legen, sondern Lust auf eine stimmige kulinarische Erfahrung haben.

15 **DEN GAMLE OCH HAVET**
Tulegatan 27
Vasastan ⑦
+46 (0)8 661 53 00
dengamleochhavet.se

Die italienische Küche genießt zurecht den Ruf, großartige Gerichte aus scheinbar einfachen Zutaten zu zaubern, und genau dieses Können zeichnet auch Den Gamle och Havet aus. Die Familie Campogiani serviert Gerichte wie Fischfilets in Buttersoße, Risotto alla Marinara oder köstlich frittierte Meeresfrüchte. Ein italienisches Juwel im Viertel Vasastan!

11 **STUREHOF**

5 Restaurants,
die **VEGETARIER** *lieben*

---

16 **VÄXTHUSET**
   Hammarby Slussväg 2
   Södermalm ⑤
   +46 (0)8 644 20 33
   restaurangvaxthuset.se

Das »Gewächshaus«, gelegen unter der Skanstullsbron, richtet sich sowohl an Vegetarier als auch an Menschen, die sich als Flexitarier bezeichnen. Die Gäste werden ermutigt, mehrere Gerichte zum Teilen zu bestellen. Das Restaurant kombiniert saisonale Zutaten mit internationalen Geschmacksrichtungen.

17 **MOTHER**
   Mäster Samuelsgatan 19
   Norrmalm ①
   +46 (0)8 505 244 39
   motherstockholm.se

Bei Mother können Sie sich etwas vom fantastischen vegetarischen Büfett zum Mittagessen gönnen. Die Gerichte basieren hauptsächlich auf Gemüse. Fleisch und Fisch gibt es als Beilage wahlweise dazu. Das Essen wird ohne raffinierten Zucker, Laktose und fast ohne Gluten gekocht – der reine Genuss!

18 **GRO**
   Sankt Eriksgatan 67
   Vasastan ⑦
   +46 (0)8 643 42 22
   grorestaurang.se

Das kleine Restaurant Gro serviert je nach Saison elegante Speisen mit einem Schwerpunkt auf Gemüse. Die minimalistische Inneneinrichtung wird durch die erstaunlichen Kunstwerke auf dem Teller zweifelsohne ausgeglichen.

19 **RUTABAGA**
BEI: GRAND HÔTEL
S. Blasieholmshamnen 6
Norrmalm ②
+46 (0)8 679 35 84
mdghs.se/rutabaga

2017 eröffnete Stockholms erstes streng vegetarisches High-End-Restaurant: Im Rutabaga (altschwedisch für Rübe) beweist der bekannte Koch Mathias Dahlgren, dass hochwertiges Blattgemüse und Wurzeln in hervorragende Gerichte verwandelt werden können. Alle Gerichte haben einen einfachen, aber dennoch innovativen skandinavischen Touch.

20 **SALLY VOLTAIRE**
BEI: ÅHLÉNS CITY
Klarabergsgatan 50
Norrmalm ①
+46 (0)8 20 19 90
sallyochsystrar.se

Sally Voltaires Restaurant im Åhléns-Kaufhaus ist nicht streng vegetarisch orientiert. Hin und wieder findet man auch Fisch und Meeresfrüchte auf der Speisekarte. Ein großzügiges Angebot an saisonalen Salaten, Rohkostleckereien, veganen Sandwiches sowie an vegetarischen Gerichten macht das reichlich wett.

Die 5 besten Orte, um **KÖTTBULLAR** *zu probieren*

---

21 **TRANAN**
Karlbergsvägen 14
Vasastan ⑦
+46 (0)8 527 281 00
tranan.se

Bei Tranan dreht sich alles nur um Fleischbällchen. Auch wenn *Köttbullar* nicht auf der Speisekarte stehen, bestellen die Leute sie unverdrossen. Am besten folgen Sie ihrem Beispiel und wenn Sie in diese goldbraunen kleinen Schönheiten beißen, werden Sie verstehen, warum sie derart hoch in der Gästegunst stehen. Die Karte bietet darüber hinaus viele andere köstliche Gerichte.

22 **OPERAKÄLLAREN BAKFICKAN**
BEI: OPERAHUSET
Karl XII:s torg
Norrmalm ①
+46 (0)8 676 58 08
operakallaren.se

Kein Besuch in Stockholm ist vollständig ohne den Geschmack der echt schwedischen Fleischbällchen auf der Zunge! In der Location Operakällaren Bakfickan wird dieses traditionelle Gericht in lockerer Atmosphäre serviert und zwar genauso, wie es zu Zeiten des Topgastronomen Tore Wretman auf den Tisch kam: mit Kartoffelbrei, Sahnesoße, Preiselbeeren und eingelegten Gurken.

23 **RICHE**
Birger Jarlsgatan 4
Östermalm ②
+46 (0)8 545 035 60
riche.se

Tore Wretman war der Mann, der Klassiker aus französischen Brasserien und traditionelle schwedische Gerichte auf die Speisekarte des Riche setzte. Dieses skurrile, französische Haus aus dem 19. Jahrhundert ist seit vielen Jahren eine beliebte Einrichtung. Wenn Sie in Stockholm nur ein einziges Restaurant besuchen, dann sollte es das Riche sein.

24 **MEATBALLS FOR THE PEOPLE**
Nytorgsgatan 30
Södermalm ⑤
+46 (0)8 466 60 99
meatball.se

Das Team, das hinter Meatballs for the People steht, nimmt sich die Freiheit, eigene Versionen von Schwedens geliebten Fleischbällchen zu erschaffen. Hier serviert man Bio-Fleischklöße in verschiedenen Geschmacksrichtungen. Die Bandbreite reicht von klassischen Fleischbällchen ausschließlich aus Fleisch bis hin zu Variationen mit Lachs oder Gemüse. Lassen Sie sich die *Kötbullar* vor Ort schmecken oder nehmen Sie sie mit!

25 **PRINSEN**
Mäster Samuelsgatan 4
Norrmalm ②
+46 (0)8 611 13 31
restaurangprinsen.eu

Seit 1897 bereitet Mythical Prinsen das Lieblingsessen aller Stockholmer – von Künstlern, Schriftstellern, Arbeitern, Geschäftsleute und Besuchern – zu. Dabei haben sich der einzigartige Charakter des Ortes und das Dekor erhalten. Lassen Sie sich vom Gardarobenservice Ihre Jacke abnehmen, nehmen Sie Platz an einem der Tische und bestellen Sie die legendären Fleischklößchen!

5 tolle Orte für GESUNDES FAST FOOD

---

26 **KALF & HANSEN**
Mariatorget 2
Södermalm ⑤
+46 (0)8 551 531 51
kalfochhansen.se

2014 eröffneten Rune Kalf Hansen und sein Sohn Fabian ihr zwangloses Fast-Food-Restaurant am Mariatorget. Seitdem haben sie mehrere Auszeichnungen eingeheimst und viele Stammgäste gewonnen. Das Nordische Bio-Fast-Food besteht aus Fleisch-, Fisch- und vegetarischen Bällchen und wird mit gesunden Beilagen serviert. Alle Fleischbällchen sind laktose- und glutenfrei.

27 **HOLY GREENS**
Regeringsgatan 28
Norrmalm ①
+46 (0)8 22 62 22
regeringsgatan.
holygreens.se

Stockholm bietet eine große Auswahl an Fast-Food-Restaurants, in denen Sie eine frische und gesunde Mahlzeit erhalten. Das helle und hübsche Greens' Outlet in der Regeringsgatan serviert saisonale Salate und Säfte. Die Speisekarte basiert auf nahrhaften Zutaten, die nahegelegene Genossenschaftsbetriebe anliefern.

28 HAWAII POKÉ
Mäster Samuelsgatan 9
Norrmalm ①
+46 (0)8 452 98 06
hawaiipoke.se

Stockholm hat seit jeher früh Ernährungstrends aufgegriffen. Als die hawaiianischen *poké*-Schalen populär wurden, eröffnete ein winziges Restaurant mit Essen zum Mitnehmen in der schwedischen Hauptstadt. Kommen Sie vorbei, wenn Sie Appetit auf eine köstliche Salatschüssel mit frischem Fisch haben!

29 DR. MAT
Tegnérgatan 5
Vasastan ⑦
+46 (0)70 615 32 22
doktormat.se

Dr. Mat nimmt die Ernährungslehre ernst: Die Zutaten für jedes Gericht werden so ausgewählt und kombiniert, dass sie einen größtmöglichen gesundheitlichen Nutzen erzielen. Das selbst fermentierte Gemüse steckt voller guter Bakterien, die eine positive Wirkung auf die Darmflora haben und somit das Immunsystem stärken. Dr. Mat beweist, dass nahrhaftes Essen auch lecker schmecken kann.

30 KOLONI
Strömparterren 5
Gamla stan ③
+46 (0)760 88 57 29
koloni.se

Die sechs verschiedenen Koloni-Cafés befinden sich alle in der Nähe von Orten mit hoher kultureller Aktivität oder zumindest einer interessanten Geschichte. Eine besonders beliebte Filiale liegt am Strömparterren, dem ältesten Park der Stadt, in der Nähe des Schlosses und der Oper. Genießen Sie Sauerteig-Sandwiches, Bio-Eis oder ein Glas Fair-Trade-Wein und die unschlagbare Aussicht!

Die 5 besten Plätze, um
MITTAGS ESSEN
zu gehen

---

31 **URBAN DELI**
   Nytorget 4
   Södermalm ⑤
   +46 (0)8 425 500 30
   urbandeli.org/nytorget

Ein Lebensmittelladen, eine Bar und ein Restaurant unter einem Dach – im Urban Deli am Nytorget in Södermalms In-Viertel SoFo (»South of Folkungagatan«) ist viel los. Einheimische, Schauspieler und andere Prominente, Freunde und Gourmets versammeln sich an diesem Ort, der beinahe zum Wohnzimmer der ganzen Stadt geworden ist.

32 **USINE**
   Södermalmsallén 36–38
   Södermalm ⑤
   +46 (0)8 120 513 36
   usine.se

Usine ist an zwei Standorten zu Hause – im Bistro 38 und dem kleineren Poche 36. Im Bistro 38 variiert täglich die Mittagskarte, die vegetarische Speisen, Nudelgerichte und ein paar Klassiker bereithält. Die Inneneinrichtung wurde vom Architekten Richard Lindvall entworfen und ist inspiriert von der Geschichte des Hauses, einer ehemaligen Wurstfabrik.

33 K-MÄRKT
Karlavägen 100
Östermalm ②
+46 (0)8 466 88 90
kmarkt.se

Ein markantes Bürogebäude aus den 1970er-Jahren bildet das Umfeld des K-Märkt. Nicht nur, weil das »Garnisonen« aus dem Stockholmer Stadtbild heraussticht, ist das Restaurant einen Besuch wert. Um die Nahrungsmittelverschwendung beim Mittagessen zu reduzieren, bezahlen Büfettgäste im K-Märkt ihr Essen nach Gewicht.

34 BOBERGS MATSAL
BEI: NK DEPARTMENT STORE
Hamngatan 18-20
Norrmalm ①
+46 (0)8 762 81 61
bobergsmatsal.se

Wie die schicken Kaufhäuser aller großen Städte, so verfügt auch Stockholms NK – dahinter verbirgt sich die Kette Nordiska Kompaniet – über ein stilvolles Restaurant. Im obersten Stockwerk finden Sie Bobergs Matsal, den perfekten Zwischenstopp für ein luxuriöses Mittagessen bei den Sterneköchen Björn Frantzén und Fredrik Björlin.

35 PROVIANT BAKFICKA
Valhallavägen 113
Östermalm ②
+46 (0)8 22 60 50
proviant.se/gardet

Das vor Kurzem neben dem Royal College of Music erbaute Restaurant interpretiert das schwedische Erbe von Kurbitsmalerei und falunroten Holzhäusern vollkommen neu. Der gleiche philosophische Ansatz durchdringt auch das Mittagsmenü: Besuchen Sie das Proviant Bakficka, wenn Sie eine neue, moderne Sichtweise auf die traditionellen schwedischen Geschmacksrichtungen gewinnen möchten!

Die 5 besten
ASIATISCHEN RESTAURANTS

---

36 **SUSHI SHO**
Upplandsgatan 45
Vasastan ⑦
+46 (0)8 30 30 30
sushisho.se

Sushi Sho in Vasastan serviert skandinavisch angehauchte Varianten der japanischen Spezialität Sushi. Reservieren Sie unbedingt einen Tisch, da diese kleine Location nur zwölf Sitzplätze an der Bar und vier Sitzplätze auf einem Sofa hat. Allen Gästen wird jeder Gang des Festpreismenüs zeitgleich serviert.

37 **FARANG**
Tulegatan 7
Vasastan ⑦
+46 (0)8 673 74 00
farang.se

Die riesigen dunklen Räumlichkeiten und das industrielle Innendekor von Farang nehmen Bezug auf die ehemalige Nutzung als Kraftwerk. Das Essenskonzept stellt die südostasiatische Küche in den Mittelpunkt.

38 **MINH MAT**
Odengatan 94
Vasastan ⑦
+46 (0)8 30 32 32
minhmat.se

Wie eine Blitzreise nach Vietnam: Im mit gerahmten Postern und asiatischen Deckenleuchten dekorierten Restaurant werden verschiedene traditionelle und moderne Gerichte aus der vietnamesischen Küche serviert. Minh Mat hat eine fantastische Auswahl von veganen Gerichten sowie wirklich gute Straßenküche mit Bio-Zutaten in petto.

39 BAROBAO
Hornsgatan 66
Södermalm ⑤
+46 (0)8 643 77 76
barobao.com

In diesem japanisch-taiwanesischen Restaurant entstehen fantastische Baos mit nordischer Note. Diese weißen, fluffigen und gedünsteten Brötchen mit leckeren Füllungen könnte man als asiatisches Äquivalent zu Burgern bezeichnen. Barobao bietet schmackhafte Gerichte zu günstigen Preisen in entspanntem, minimalistischem Rahmen.

40 INDIO
Kocksgatan 52
Södermalm ⑤
+46 (0)8 420 620 20
indio.se/kitchen

Was haben japanisches und peruanisches Essen gemeinsam? Die Vorliebe für rohen Fisch. Bei Indio ist die Verschmelzung beider Küchen gelungen. Genießen Sie *Sashimi*, *Ceviche* und *Edamame* in Schwedens erstem Nikkei-Restaurant (so heißt das Crossover). Es liegt eingebettet in eine höchst unkonventionelle Nachbarschaft im Herzen von Södermalm.

5 empfehlenswerte Orte für
FLEISCHFANS

---

41 **DJURET**
Lilla Nygatan 5
Gamla stan ③
+46 (0)8 506 400 84
djuret.se

Djuret bedeutet auf Schwedisch »Tier«, und damit ist das Programm des Restaurants bereits umrissen. Markenzeichen der ständig aktualisierten Speisekarte sind saisonale Zutaten vom Land und aus dem Meer. Djurets Vorsatz: Jede Komponente auf eine Weise zu kochen, die Ihr gastronomisches Erlebnis maximiert.

42 **AG**
Kronobergsgatan 37
Kungsholmen ⑧
+46 (0)8 410 681 00
restaurangag.se

Das Restaurant verbirgt sich in einem unauffälligen Haus in Kungsholmen, einer ehemaligen Silberschmiede. Denn AG (Ag ist das Elementsymbol für Silber) glänzt lieber mit seinen inneren Werten: vor allem seinen Fleischgerichten.

43 **KÖTTMÄSTARN**
Tegnérgatan 32
Vasastan ⑦
+46 (0)8 122 112 12
kottmastarn.se

Das Köttmästarn kombiniert das Prinzip eines Restaurants mit dem eines Feinkostladens. Dabei kommen sorgfältig ausgewählte Zutaten aus aller Welt zum Einsatz. Neben einigen klassischen Gerichten wird auch auf Holzkohle gegrilltes Fleisch angeboten. Das Menü prangt an einer Schiefertafel an der Wand.

44 **SVARTENGRENS**
Tulegatan 24
Vasastan ⑦
+46 (0)8 612 65 50
svartengrens.se

Svartengrens verwendet nur das Fleisch von lokal gezüchteten Rindern. Hier glaubt man noch an die Kunst der eigenen Herstellung und an die maximale Wertschöpfung – vom Räuchern der Speckschwarten bis zum Kochen der Knochenbrühe. Wenn das Restaurant ausgebucht ist, findet sich sicher noch ein Platz an der Bar!

45 **BAR CENTRAL**
Birger Jarlsgatan 41
Norrmalm ①
+46 (0)8 20 10 08
barcentral.se

Die grüngemusterte Decke in Kombination mit der roten Fläche für die Bar wirkt einfach atemberaubend. Beim Thema Geschmacksrichtung bietet die mitteleuropäisch ausgerichtete Speisekarte frittierte Schweineohren, Wiener Schnitzel und hausgemachte Würstchen. Zu trinen gibt es Bier oder einen Riesling.

45 BAR CENTRAL

Die 5 besten Adressen für
SCHNELLE SNACKS

---

46 **FALAFELBAREN**
Hornsgatan 39-B
Södermalm ⑤
+46 (0)72 907 726 37
falafelbaren.se

Wenn Sie plötzlich die Lust nach Falafel mit Essiggurken und Tahinisoße während Ihres Stockholmbesuchs überkommt, dann ab nach Falafelbaren, in der Nähe des Mariatorget. Alle Gerichte sind vegetarisch, zu den frittierten Bällchen werden auch Börek, Shakshuka und Fruchtcreme gereicht. Vor Ort gibt es ein paar Stehtische.

47 **K25**
Kungsgatan 25
Norrmalm ①
k25.nu

Das K25 ist eine lebendige und schicke Restauranthalle mit über 250 Sitzplätzen in elf Restaurants, wo schmackhaftes Fast Food aus verschiedenen Ländern auf dem Teller landet. Burger, Knödel, Falafel, Bibimbap und Sushi sind nur einige Beispiele von den Speisekarten.

48 **FLIPPIN' BURGERS**
Observatoriegatan 8
Vasastan ⑦
flippinburgers.se

Jon Widegren kündigte seinen Job 2011 und unternahm eine längere Reise in die USA. Dort verspeiste er 64 Burger, denn er wollte ein eigenes Burgerlokal eröffnen. Das Ergebnis: ein in viele Sprachen übersetzter Buchbestseller und Jons extrem gut frequentiertes Burgerlokal.

| 49 | **EL TACO TRUCK TAQUERIA**
Nybrogatan 57
Östermalm ②
+46 (0)70 182 11 53
eltacotruck.net | El Taco Truck auf der Nybrogatan ist der perfekte Ort für alle, die außergewöhnliche und veredelte Taco lieben. Gehackte Gurken und Dosenmais wurden hier durch interessantere Komponenten ersetzt, etwa eingelegte rote Zwiebeln und Koriander. |

| 50 | **TEATERN**
BEI: RINGEN CENTRUM
Götgatan 100
Södermalm ⑤
+46 (0)8 696 30 31
ringencentrum.se/teatern | Einige der Meisterköche des Landes haben eigene Fast-Food-Konzepte am Teatern Food Court im Ringen-Einkaufszentrum entwickelt. Magnus Nilsson von Fäviken hat hier einen Hot-Dog-Stand, Malin Söderström bietet Fischgerichte und Maximillian Lundin setzte eine innovative Idee in die Tat um: The Plant ist Schwedens erstes wirklich organisches und veganes Fast-Food-Restaurant. |

49 EL TACO TRUCK TAQUERIA

Die 5 besten

ROMANTISCHEN SPEISELOKALE

---

51 **BRASSERIET**
BEI: OPERAHUSET
Strömgatan 14
Norrmalm ①
+46 (0)8 518 398 20
brasseriet.se

Der Speisesaal und vor allem die prächtige Bar im Brasseriet sind einfach fantastisch und bieten eine atemberaubende Kulisse mit vergoldeten Marmorsäulen, verzierten Decken und blitzblanken Spiegeln. Die köstlichen Gerichte des Restaurants eignen sich perfekt zum Teilen.

52 **LE ROUGE**
Brunnsgränd 2-4
Gamla stan ⑤
+46 (0)8 518 040 00
lerouge.se

Die Brasserie Le Rouge in einem der vielen Keller der Altstadt schwelgt in Dekadenz. Stellen Sie sich Ihr eigenes Gericht zusammen, wählen Sie Beilagen, Soße, Gemüse und Getränke – und genießen das Ambiente à la Moulin Rouge!

53 **UN POCO**
Karlavägen 28
Östermalm ①
+46 (0)8 611 02 69
unpoco.se

Das Klischee und die Kulisse von »Susi und Strolch« standen Vorbild für das Restaurant Un Poco. Das Lokal tischt italienische Klassiker mit moderner Note in eleganter Umgebung auf – es ist ein großartiger Ort, um einen *Aperitivo*, ein *Dolce* und alle Gänge, die dazwischen liegen, zu probieren.

54 **CAFÉ NIZZA**
Åsögatan 171
Södermalm ⑤
+46 (0)8 640 99 50
cafenizza.se

Die Atmosphäre im Café Nizza eignet sich perfekt für ein romantisches und zugleich entspanntes Date. Schachbrettfliesen im Flur, weiße Tischdecken, Thonet-Stühle und Terrazzo-Tische sorgen fürs mediterrane Ambiente. Das Café hat eine einladende Bar und gutes Essen zu erschwinglichen Preisen.

55 **DELIKATESSEN**
Krukmakargatan 22
Södermalm ⑤
+46 (0)8 658 42 50
delikatessenbistrobar.se

Liebespaare, die sich nach Paris sehnen, können sich mit dem Delikatessen trösten. Hinter den großen Türen einer ehemaligen Feuerwache finden Sie ein schönes französisches Restaurant mit Bugholzstühlen und einer warmen Atmosphäre vor. An Sommerabenden stehen die Tische bis auf die Straße. Schauen Sie auch in der Bar Hommage direkt nebenan vorbei!

55 DELIKATESSEN

5 Favoriten von
FREIBERUFLERN

---

56 **KAFFEVERKET**
Sankt Eriksgatan 88
Vasastan ⑦
+46 (0)8 31 51 42
kaffeverket.nu

Den Arbeitsplatz ins Café zu verlegen, wird in Stockholm immer normaler. Kaffeverket, nahe der U-Bahn-Station Sankt Eriksplan, ist ein Hotspot für viele Freierufler. Lauschen Sie den Leuten den Nachbartischen, wenn diese zwanglose Treffen abhalten, beobachten Sie die Studenten oder werfen Sie einen Blick auf einen der vielen Laptop-Bildschirme und genießen dabei Frühstück, Mittagessen oder eine Brotzeit!

57 **IL CAFFÈ**
Bergsgatan 17
Kungsholmen ⑧
+46 (0)8 652 30 04
ilcaffe.se

Der Name Il Caffè fällt, wenn es um eines der ersten Kaffeehäuser für Freiberufler in Stockholm geht. Bereits seit 1996 ist es die richtige Adresse für guten Kaffee, leckere Backwaren, freundliche Gespräche, eine nette Atmosphäre und einen ruhigen Innenhof. Inzwischen gibt es Filialen in ganz Stockholm (und sogar in Los Angeles), die Ursprünge aber liegen in Kungsholmen.

58 COFFICE
Tjärhovsgatan 5
Södermalm ⑤
+46 (0)8 462 95 50
coffice.coop

Das Wortspiel ist Programm: Coffice versteht sich als eine Mischung aus Kaffeebar und Treffpunkt für alle, die einen anregenden Platz zum Arbeiten suchen. Der Kaffee kommt aus biologischer Produktion und wird in verschiedenen Röstereien verarbeitet. Sandwiches, Snacks und leichtere Mittagsgerichte schaffen dazu eine gute Grundlage.

59 GAST
Rådmansgatan 57
Vasastan ⑦
+46 (0)8 27 02 22
gastcafe.se

Im Jahr 2017 eröffnet, galt das Gast schon bald als eines der schönsten Cafés von Stockholm. Kultige skandinavische Stühle in hellem Holz kontrastieren mit einer Palette von warmen Rosa-, Nude- und Apricottönen. Das Gast serviert Salate, Säfte und warme Getränke. Die großartige Lage zwischen der Innenstadt und Vasastan am Park Observatorielunden trägt zum tollen Gesamteindruck bei.

60 CAFÉ PASCAL
Norrtullsgatan 4
Vasastan ⑦
+46 (0)8 31 61 10
cafepascal.se

Kaffee- und Sandwich-Freunde finden hier ihr eigenes kleines Café-Paradies – nur einen Block von der geschäftigen U-Bahn-Station Odenplan entfernt. Das Café wird von drei Geschwistern geführt, die alles frisch auf den Tisch bringen, vom Kaffee aus sorgfältig ausgewählten Röstereien bis zum leckeren Gebäck. Die Sandwiches sind eine Klasse für sich!

59 GAST

Die 5 besten Plätze für ein
FABELHAFTES FRÜHSTÜCK

---

61 **GRAIN CAFÉ**
Hantverkargatan 32
Kungsholmen ⑧
+46 (0)70 629 58 29

Für viele Schweden ist das Frühstück die wichtigste Mahlzeit des Tages und *Gröt*, der Haferbrei, die traditionelle Speise. Als das Grain Café 2017 aufmachte, war es Stockholms erstes Kaffeehaus, das sich auf Haferbrei und Getreide als Hauptzutaten konzentrierte. Hier wird Schwedens eigenes »Superfood«, der Hafer, mit köstlichen Toppings, frischem Obst und Beeren kombiniert.

62 **NYTORGET 6**
Nytorget 6
Södermalm ⑤
+46 (0)8 640 96 55
nytorget6.com

Was immer Sie zum Frühstück essen möchten, Nytorget 6 hält es bereit: von landestypischen Kombinationen wie Knäckebrot mit gehacktem Ei und schwedischem Kaviar bis hin zu europäischen Klassikern wie einem frisch gebackenen Croissant oder Omelettes. Das Restaurant ist leicht zu finden – es befindet sich direkt am Nytorget.

63 POM & FLORA

Bondegatan 64
Södermalm ⑤
+46 (0)8 410 100 49
pomochflora.se

Pom & Flora hat eine moderne Speisekarte und bietet innovative Frühstücksvarianten mit Zutaten, die auch der kundige Feinschmecker möglicherweise googeln muss. Der Avocado-Toast und die bunten Schalen lassen hier Stockholms schönste *Frukost*-Fotos entstehen. Und alles schmeckt so gut, wie es aussieht.

64 GREASY SPOON

Hagagatan 4
Vasastan ⑦
greasyspoon.se

Den ganzen Tag über empfiehlt sich das Greasy Spoon als geeigneter Ort zum Frühstücken und Brunchen. Die angelsächsisch angehauchte Speisekarte führt Klassiker wie Buchweizenpfannkuchen und *Eggs Benedict*. Das Restaurant nimmt keine Reservierungen an. Wer aber vorbeikommt und keinen freien Tisch erwischt, landet ganz einfach auf der Warteliste.

65 BROMS

Karlavägen 76
Östermalm ②
+46 (0)8 26 37 10
bromskarlaplan.se

Dieses Bistro ist von frühmorgens bis spätabends geöffnet, und Sie können im Feinkostladen nach Leckereien Ausschau halten oder das ofenfrische Sauerteigbrot aus der Bäckerei genießen. Man könnte sagen, das Broms ist das »Wohnzimmer der Nachbarschaft«. Das Frühstück – einschließlich hausgemachter Marmeladen und frischem Müsli – hat wohl noch keinen enttäuscht!

5
LEGENDÄRE RESTAURANTS

---

66 **DEN GYLDENE FREDEN**
Österlånggatan 51
Gamla stan ③
+46 (0)8 24 97 60
gyldenefreden.se

Diese einzigartige Taverne aus dem Jahr 1722 hat schon viele bekannte Dichter, Schriftsteller und Songwriter angezogen. In den frühen 1900er-Jahren kaufte der Maler Anders Zorn das Haus, um das Restaurant vor der Schließung zu bewahren. Später überließ er es der Schwedischen Akademie, die hier donnerstags zu ihrem wöchentlichen Abendessen einlädt.

67 **TENNSTOPET**
Dalagatan 50
Vasastan ⑦
+46 (0)8 32 25 18
tennstopet.se

Das Tennstopet gewährt einen Blick auf das Stockholm längst vergangener Jahre. Das Renommee verdankt das Restaurant seinem Publikum aus Journalisten und Schriftstellern, aber auch dem fermentierten Ostseehering, der hier jedes Jahr im August auf den Tellern landet.

68 **MÄSTER ANDERS**
Pipersgatan 1
Kungsholmen ⑧
+46 (0)8 654 20 01
masteranders.se

Mäster Anders schafft das Kunststück, dass die Einrichtung des Bistros zugleich schick und altmodisch-authentisch wirkt. Aus den Medien bekannte Persönlichkeiten schauen gern hier vorbei und lassen sich die klassischen Gerichte schmecken.

69 **PELIKAN**
Blekingegatan 40
Södermalm ⑤
+46 (0)8 556 090 90
pelikan.se

Pelikan ist die richtige Adresse für alle, die das »echte« Södermalm erleben wollen. Das über 300 Jahre alte Biercafé befindet sich seit 1904 an seinem heutigen Platz und hat im Laufe der Zeit zahlreiche Künstler angezogen. Viele Gäste beginnen den Abend im Pelikan und ziehen dann in die gleichermaßen berühmte Kneipe Kvarnen weiter.

70 **KONSTNÄRSBAREN**
Smålandsgatan 7
Norrmalm ②
+46 (0)8 679 60 32
konstnarsbaren.se

In den 1930er-Jahren war Konstnärsbaren eine Anlaufstelle für Künstler. Einzigartige Wandbilder von Malern wie Isaac Grünewald und Einar Forseth zieren nach wie vor den Innenraum, aber in den letzten Jahren kamen auch zeitgenössische Kunstwerke hinzu. Eine Institution im Herzen Stockholms!

66 DEN GYLDENE FREDEN

5 Restaurants mit
GROSSARTIGER AUSSICHT

---

71 **FOTOGRAFISKA**
Stadsgårdshamnen 22
Södermalm ⑤
+46 (0)8 509 005 30
fotografiska.eu

Mit dem modernen Fotomuseum eröffnete 2010 ein ausgezeichnetes Restaurant, das seither einen Panoramablick über die Stockholmer Bucht bietet. Die Gerichte des Fotografiska basieren auf Gemüse. Durchs Einmachen von Bohnen, Erbsen und Co. verlängern sie die Jahreszeiten.

72 **HIMLEN**
Götgatan 78
Södermalm ⑤
+46 (0)8 660 60 68
restauranghimlen.se

Im 26. Stock von »Skrapan« finden Sie einen der besten Aussichtspunkte Stockholms und im Himlen großartige französisch-schwedische Küche. Zeitweilig war das Gebäude aus den 1960er-Jahren der Sitz des schwedischen Finanzamts und das höchste Gebäude Europas.

73 **ERIKS GONDOLEN**
Stadsgården 6
Södermalm ⑤
+46 (0)8 641 70 90
eriks.se

Von Eriks Gondolen, 33 Meter hoch, kann man das Stockholmer Stadtzentrum von oben betrachten und sehen, wo der Mälaren aufs Meer trifft. Seit 1994 führt der berühmte Sternekoch Erik Lallerstedt das Restaurant. Heute führt seine Tochter die Geschäfte und hält an den Grundsätzen fest: typisch schwedische Küche zu realistischen Preisen.

74 **KAKNÄSTORNET**
Mörka Kroken 28-30
Gärdet
+46 (0)8 667 21 80
kaknastornet.se

Stockholms Fernsehturm beherbergt das höchste Restaurant der Stadt: Aus 134 Meter Höhe reicht die Sicht an wolkenlosen Tagen kilometerweit. Einen spannenden Einblick in längst vergangene Zukunftsvisionen gibt Walter Bengtssons leuchtendes Wandrelief von 1967, genannt »Spelrum Futurum«, in der Eingangshalle des Kaknäs-Turms.

75 **SPRITMUSEUM**
Djurgårdsvägen 38-40
Djurgården ⑥
+46 (0)8 121 313 09
spritmuseum.se

Das Alkoholmuseum nebst angeschlossenem Restaurant befindet sich in einem der letzten noch erhaltenen Bootshäuser der schwedischen Marine aus dem 18. Jahrhundert. Von hier aus bietet sich eine schöne Aussicht auf Skeppsholmen und die Anhöhe von Södermalm. Dazu gibt es innovative Nordische Küche.

71 FOTOGRAFISKA

Die 5 besten Plätze, um mit
EINHEIMISCHEN ZU SPEISEN

---

76 **PORTAL**
St Eriksplan 1
Vasastan ⑦
+46 (0)8 30 11 01
portalrestaurant.se

Portal ist ein schickes und gemütliches Restaurant am Sankt Eriksplan. Sein Besitzer, der preisgekrönte Koch Klas Lindberg, tischt moderne schwedische Delikatessen zu moderaten Preisen auf. Täglich kehren viele Einheimische in diesem bezaubernden Lokal hinter den bogenförmigen Fenstern ein.

77 **WOODSTOCKHOLM**
Mosebacke torg 9
Södermalm ⑤
+46 (0)8 36 93 99
woodstockholm.com

Hier wechselt die Speisekarte häufig, manchmal folgen die Gerichte einem bestimmten Motto. Die Innenausstattung aus hellem Holz bildet den Rahmen für eine Verkaufsausstellung – Woodstockholm ist auch ein Möbelgeschäft.

78 **BABETTE**
Roslagsgatan 6
Vasastan ⑦
+46 (0)8 509 022 24
babette.se

Schade, dass Babette nur so wenig Platz bietet und oft heillos überfüllt ist, weil die Pizza sagenhaft gut schmeckt. Über das tägliche Menü informiert die Wandtafel. Probieren Sie unbedingt die auf großen Platten gereichten Gänge für mehrere Personen und trinken Sie einen der fantastischen Weine von interessanten und originellen Produzenten.

79 **ROLFS KÖK**
Tegnérgatan 41
Vasastan ⑦
+46 (0)8 10 16 96
rolfskok.se

Betonwände, von der Decke baumelnde Glühbirnen und eine offene Küche – 1989 galt die Inneneinrichtung der Designer Jonas Bohlin und Thomas Sandell in Rolfs Kök als bahnbrechend. Das rustikale und schmackhafte Essen sichert Rolfs Küche bis heute einen festen Platz in der Stockholmer Restaurantszene.

80 **AGNES**
Norra Agnegatan 43
Kungsholmen ⑧
+46 (0)8 410 470 19
restaurangagnes.com

Das Essen bei Agnes ist hauptsächlich mediterran, zeigt aber auch Einflüsse aus anderen Teilen der Welt. Die sachkundigen und ungezwungenen Kellner, die entspannte Atmosphäre an den langen Tischen und die breit gefächerte Auswahl an Weinen unterstützen den angenehmen Gesamteindruck.

76 PORTAL

5
KLEINE und **SPEZIELLE**
Orte zum Essen

---

81 **LILLA EGO**
Västmannagatan 69
Vasastan ⑦
+46 (0)8 27 44 55
lillaego.com

Bei Lilla Ego vorbeizuschauen ist ein Muss, aber buchen Sie am besten Monate im Voraus! Andernfalls hoffen Sie einfach auf das Riesenglück, einen Platz an der Bar zu ergattern. Dieser elegante Ort ist vielen Stockholmern heilig. Das Essen, der Service, die Atmosphäre, die Preise … hier stimmt einfach alles.

82 **PUNK ROYALE**
Folkungagatan 128
Södermalm ⑤
+46 (0)8 128 224 11
punkroyale.se

Punk Royale versteht sich als der rebellische und geniale kleine Bruder von Stockholms High-End-Restaurants. Es ist ein verspieltes Lokal mit hohen Ambitionen, aber frei von Konventionen. Das Duo hinter diesem ungewöhnlichen Konzept versteht es zu kochen. Erwarten Sie laute Musik, humorvolle Kompositionen auf den Tellern und einen Abend voller Überraschungen.

83 **SPECERIET**
Artillerigatan 14
Östermalm ②
+46 (0)8 662 30 60
speceriet.se

Erinnern Sie sich an Gastrologik, das wir wegen seiner herausragenden Nordischen Küche empfohlen haben? Speceriet liegt gleich nebenan. Die Essensphilosophie beider Restaurants stimmt überein, aber die Gesamtpräsentation ist hier lockerer. Kommen Sie einfach vorbei und genießen Sie ausgezeichnete Gerichte zu angemessenen Preisen!

84 **JIM & JACOB**
Surbrunnsgatan 38
Vasastan ⑦
+46 (0)8 15 01 15
jimjacob.se

Mit aufregenden Geschmackskombinationen und moderaten Preisen empfehlen sich Jim & Jacob als gemütlicher kleiner Treffpunkt an einer Querstraße des Sveavägen. Die Atmosphäre stimmt, die Mitarbeiter sind freundlich und das Note Design Studio hat den Raum perfekt eingerichtet. Die schmackhaften kleinen Scandi-Tapas eignen sich bestens zum Teilen.

85 **LE NOM**
Roslagsgatan 6
Vasastan ⑦
+46 (0)8 10 01 53
lenom.se

Ein Vier-Gänge-Menü, eine einfache Portion oder vielleicht nur einen Cocktail? Le Nom hat alles parat. Im Gastraum liefern sich die Pastelltöne an den Wänden mit dem kaugummifarbenen und türkisen Interieur eine Farbschlacht. Auch jedes der nachhaltig zubereiteten Gerichte ist ein kleines Kunstwerk und passt perfekt zum Rest der Dekoration.

5 *versteckte*
INNENHÖFE

---

86 **TRATTORIA SVINET**
Lilla Nygatan 5
Gamla stan ③
+46 (0)8 506 400 84
svinet.djuret.se

Begrünte Innenhöfe sind wegen der kurzen Sommer in Stockholm recht selten, aber es gibt einige gut versteckte Perlen: Die Trattoria Svinet zählt dazu. Das Freiluftrestaurant gehört zum Djuret in der Altstadt. Im »Patio Español« werden *Salsiccia* sowie andere südeuropäische Spezialitäten auf Schweinefleisch-Basis serviert.

87 **GRAND ESCALIER**
Humlegårdsgatan 17
Östermalm ②
+46 (0)8 519 422 72
grandescalier.se

Grand Escalier liegt in der Nähe des schicken Stureplans, allerdings gut verborgen. Entweder Sie nehmen den Eingang in der Sturegallerian-Einkaufspassage oder Sie biegen um die Ecke in der Humlegårdsgatan und finden von dort aus den Weg in den blühenden Innenhof. Das Restaurant mit französischem Flair ist eine beliebte Location für den Feierabend-Cocktail.

88 BLECK
Katarina Bangata 68
Södermalm ⑤
restaurangbleck.se

Zwar ohne Innenhof, aber dennoch für diese Kategorie geeignet, liegt das Restaurant Bleck in einem der kleineren, bezaubernden Parks von Södermalm. Hier kommen trendige und ambitionierte, aber erschwingliche Speisen auf den Tisch – bis November auch draußen (dank Heizstrahlern).

89 HALLWYLSKA MUSEET
Hamngatan 4
Norrmalm ②
+46 (0)8 440 56 31
hallwylskamuseet.se

Das historische Hallwyl-Haus, gegenüber vom Berzelii-Park, gehörte einst dem Grafen und der Gräfin von Hallwyl, die es 1920 dem schwedischen Staat schenkten. Heute befindet sich darin ein Museum der viktorianischen Epoche. Im schönen Innenhof kann man essen, trinken, den DJs lauschen oder einfach nur den herrlichen Platz genießen.

90 LJUNGGREN
Götgatan 36
Södermalm ⑤
+46 (0)8 640 75 65
restaurangljunggren.se

Gönnen Sie sich eine Pause von der geschäftigen Götgatan und stehlen sich ins Ljunggren davon! Im Sommer öffnet das Lokal seine Terrasse für Sonne und Musik, Sushi und Ingwer-Cocktails. Das Sushi-Restaurant bietet eine große Auswahl asiatisch inspirierter Speisen und Getränke und lohnt schon allein deswegen den Besuch.

Die 5 besten Plätze für eine traditionelle **F I K A** (Brotzeit mit Kaffee)

---

91 **TÖSSEBAGERIET**
Karlavägen 77
Östermalm ②
+46 (0)8 662 24 30
tosse.se

Tösse wurde als Bäckerei und Konditorei bereits 1920 gegründet. Typische architektonische Merkmale wie die Stuckdecke sind erhalten geblieben. Das Team hält bis heute an der ursprünglichen Philosophie fest, nur hochwertige Zutaten zu verwenden. Trotz seiner langen Geschichte setzt Tösse auch auf Innovationen: Im Jahr 2015 schuf man dort *Semmelwrapen*, eine neue Interpretation eines schwedischen Gebäcks.

92 **HAGA TÅRTCOMPANI & BAGERI**
Torsgatan 75
Vasastan ⑦
+46 (0)8 19 34 34
hagabageri.se

Diese Bäckerei ist ein großartiger Ort, um einen Kaffee oder Tee zu trinken und um die hausgemachten Kekse oder ein Stück Kuchen zu probieren. Neben traditionellen Backwaren wie Prinzessinnenkuchen und Zimtbrötchen werden hier auch süße Teilchen mit einem modernen Touch gebacken. Außerdem im Angebot: gluten- und laktosefreie Varianten.

93 **CITYKONDITORIET**
Adolf Fredriks
kyrkogata 10
Norrmalm ①
+46 (0)8 534 807 20
citykonditoriet.com

Mille-feuille (der französische Blätterteig mit Cremefüllung), Plundergebäck, Apfelkuchen … Das Angebot von Citykonditoriet umfasst Klassiker aus vielen Ländern. Diese geheime Oase im Herzen der Stadt liegt im dritten Stock des Fenixpalatset-Gebäudes. Der prächtige Raum aus dem frühen 20. Jahrhundert bildet einen schönen Rahmen für die kalorienhaltigen Köstlichkeiten.

94 **VETE-KATTEN**
Kungsgatan 55
Norrmalm ①
+46 (0)8 20 84 05
vetekatten.se

Eine schwedische Version der britischen Teekultur in der Manier des 18. Jahrhunderts bietet Vete-Katten, eine der wenigen verbliebenen, authentischen Konditoreien Stockholms. Wer durch das Labyrinth von Gängen und Räumen mit bestickten Spitzendeckchen und schwerem Porzellan findet, kann hier eine traditionelle *Fika* genießen. Der versteckte Innenhof bietet an sonnigen Tagen herrliche Sitzplätze.

95 **VALAND - KAFÉ KONDITORI**
Surbrunnsgatan 48
Vasastan ⑦
+46 (0)8 30 04 76

Das Café Valand ist wie eine Zeitkapsel. 1954 eröffnet, stammt der Großteil des Interieurs noch aus dieser Zeit. Die Wandverkleidungen aus Teakholz, Lampen von Svenskt Tenn, lederbezogene Stühle und grelle Neonschilder haben die letzten Jahrzehnte überdauert und machen diesen Ort zu einem einzigartigen Retro-Juwel. Vergessen Sie Espresso, hier wird gebrühter Kaffee serviert!

5 Restaurants mit
AUSSERGEWÖHNLICHEM DESIGN

---

96 **LUZETTE**
Centralplan 25
Norrmalm ①
+46 (0)8 519 316 00
luzette.se

Ein großer Teil der Innenausstattung der modernen Brasserie Luzette im Herzen des Hauptbahnhofs datiert auf die Zeit um 1871. Der Stockholmer Designer Jonas Bohlin dekorierte das Restaurant vorwiegend mit schwedischen Materialien wie Kalksteinfliesen, Messing, Holz und natürlich mit seinen kultigen Deckenleuchten für die Firma Örsjö – hier in einer kobaltblauen Version.

97 **MATBAREN**
AM: GRAND HÔTEL
S. Blasieholmshamnen 6
Norrmalm ②
+46 (0)8 679 35 84
mdghs.se/matbaren

Für die Innenausstattung des 2007 gegründeten Bistros Matbaren sorgte British Studioilse – selbst über ein Jahrzehnt später begeistert die Einrichtung noch immer durch ihre Mischung aus skandinavischen Elementen und globalen Einflüssen. Einfache schwedische Stücke aus dem 18. Jahrhundert harmonieren mit zeitgenössischen Lampen und Möbeln. Nur der Platz im ausgezeichneten Restaurant ist etwas beengt.

98 HILLENBERG

98 HILLENBERG
Humlegårdsgatan 14
Östermalm ②
+46 (0)8 519 421 53
hillenberg.se

Hillenberg hat eine angenehme Atmosphäre, die gutes Essen mit ausgefallener Architektur verbindet. Die wellenförmigen Raumteiler aus gestrahltem Aluminium und der gemusterte Marmorboden von Okidoki! Arkitekter sind nur zwei seiner optischen Highlights.

99 NOSH AND CHOW
Norrlandsgatan 24
Norrmalm ①
+46 (0)8 503 389 60
noshandchow.se

Das prächtige, kontinentale Interieur von Nosh and Chow ist das Werk des katalanischen Architekten Lázaro Rosa Violán. So etwas findet man nirgendwo sonst in Stockholm! Dieser Ort ist befreiend, unkonventionell und extravagant, und verfügt über eine Ästhetik, die weit entfernt von der typisch schwedischen Designsprache ist. Tipp: Schauen Sie unbedingt im Badezimmer vorbei!

100 PARADEN
Valhallavägen 147
Östermalm ②
+46 (0)8 660 33 55
paradenkvarterskrog.com

Das ehemalige Kino hat eine zweite Chance bekommen. 2016 wurde die ursprüngliche Architektur im funktionalistischen Stil erneuert und mit Art-Déco-Elementen aufgefrischt. Statt Filmen werden nun großartige Speisen und Getränke im Paraden serviert. Teilen Sie sich ein paar Snacks oder genießen Sie ein Drei-Gänge-Menü, umgeben von geometrischen Mustern, glänzendem Metall und petrolblau gestrichenen Wänden!

Die 5 schönsten
GARTENCAFÉS

---

101 **ROSENDALS TRÄDGÅRD**
Rosendalsterrassen 12
Djurgården ⑥
+46 (0)8 545 812 70
rosendalstradgard.se

Rosendals Trädgård ist nicht nur im Sommer ein liebenswerter Ort. Besuchen Sie die schöne Gärtnerei im Frühjahr, während des Erntemarkts im Oktober oder im Winter, wenn das Gewächshaus mit Kränzen, Christsternen, grünen Fichtenzweigen und Kerzen geschmückt ist.

102 **GAMLA ORANGERIET**
Veit Wittrocks väg 7
Stockholm-Nord ⑨
+46 (0)8 612 09 59
gamlaorangeriet.se

Die alte Orangerie steht im Botanischen Garten von Bergius. Ihre vielen Fenster lassen an regnerischen Tagen ein sanftes Licht nach außen dringen, bei warmem Wetter lockt die schöne Terrasse. Das Bio-Café ist der perfekte Ort für eine Mahlzeit, ein Sandwich, etwas Süßes (noch wirklich handgemacht) aus der Bäckerei.

103 **SLOTTSTRÄDGÅRDEN ULRIKSDAL**
Slottsträdgårdsvägen 8
Solna ⑨
+46 (0)8 514 822 30
rappne.se

Ein paar Kilometer nördlich von Ulriksdal erstreckt sich ein weiterer schöner, weitläufiger Garten. Das Gartencafé schafft Abhilfe, wenn sich der hungrige Magen meldet. Besuchen Sie die Felder während der Ernte, um Ihre eigenen Blumen, Zwiebeln, frischen Kräuter und Wurzelgemüse zu pflücken!

104 **ZETAS TRÄDGÅRD**
Blombacken 2
Segeltorp
+46 (0)8 525 297 00
zetas.se

Wer Lust auf einen kurzen Ausflug aufs Land hat, findet in dieser grünen Oase Schwedens größtes Sortiment an Gartenpflanzen, Kübeln, Pflanzbehältern, aber auch an Möbeln und Inneneinrichtung. Es gibt dort ein Gartencafé mit finnisch-japanisch inspirierter Architektur. Dort können Sie sich mit einem Kaffee und hausgemachtem Kuchen, mit Sandwiches oder einem Mittagessen versorgen.

105 **VINTERVIKENS TRÄDGÅRD**
Vinterviksvägen 30
Aspudden ④
+46 (0)70 441 61 58
vinterviken.com

Vintervikens Trädgård liegt nur wenige U-Bahn-Stationen südwestlich der Innenstadt. Wenn Sie einen Snack aus dem unter Nachhaltigkeitsaspekten geführten Café probiert haben, sollten Sie einen Spaziergang unternehmen und sich die Gebäude ansehen, die einst zu Alfred Nobels Dynamitfabrik gehörten.

102 GAMLA ORANGERIET

5 Fachgeschäfte für
SCHWEDISCHE SÜSSIGKEITEN

---

106 **LAKRITSROTEN**
Sveavägen 107
Vasastan ⑦
+46 (0)8 428 26 80
lakritsroten.se

Die Schweden entdeckten Lakritze Ende des 19. Jahrhunderts. Seitdem erfreut es sich großer Beliebtheit. Auch Salmiak, mit salzigem Ammoniumchlorid aufgepepptes Lakritz, wird in den nordischen Ländern viel und gern konsumiert. Am Sveavägen widmet sich ein eigenes Fachgeschäft der Süßholzwurzel und hält über 700 Produkte vorrätig.

107 **PÄRLANS KONFEKTYR**
Nytorgsgatan 38
Södermalm ⑤
+46 (0)8 660 70 10
parlanskonfektyr.se

Die Angestellten dieses netten Süßigwarenladens nahe dem Nytorget tragen Retro-Uniformen aus den 1930er-Jahren und kochen zu Jazzmelodien die köstlichsten Sahnebonbons. Es gibt klassische Sorten und saisonale Produkte.

108 **GAMLA STANS POLKAGRISKOKERI**
Lilla Nygatan 10
Gamla stan ③
+46 (0)8 10 71 82
gamlastanspolkagriskokeri.se

Dieses charmante Geschäft steht für eine einzigartige schwedische Süßigkeit: Die rotweiße *Polkagris*-Zuckerstange mit Pfefferminzgeschmack wurde 1859 in Schweden erfunden. Hier gibt es die handgemachten Zuckerstangen in allen Farben, zudem Sahnebonbons und Lollis. Werfen Sie auch einen Blick in die Küche!

109 **KARLA FRUKT**
Karlavägen 72
Östermalm ②
+46 (0)8 661 03 35
karlafrukt.se

Das Obst- und Konditoreigeschäft Karla Frukt besteht seit 1928. In den 1960er-Jahren wurde der kultige Neonschriftzug mit einer Orange über der Ladenfront installiert. Der Besuch dieses Ladens ist wie eine Zeitreise in die Vergangenheit. Viele Großeltern in der Nachbarschaft lieben es, ihre Enkelkinder hierher zu bringen, um Süßigkeiten zu kaufen, wie sie es vor vielen Jahren selbst getan haben.

110 **EJES CHOKLAD**
Erik Dahlbergsgatan 25
Östermalm ②
+46 (0)8 664 27 09
ejeschoklad.se

Bereits seit den 1920er-Jahren gibt es die Schokoladenmanufaktur Ejes Choklad. Sogar die Königsfamilie liebt deren himmlische Kalorienbomben und engagierte die Konditorei als Hoflieferanten. Berühmt ist sie für die Schokoladenpralinen und ihr *Geléhallon*, eine Art Bonbon auf Gelatinebasis aus Himbeersaft.

108 GAMLA STANS POLKAGRISKOKERI

5 herausragende
BÄCKEREIEN

---

111 **LILLEBRORS**
Rörstrandsgatan 12
Vasastan ⑦
lillebrors.se

Dieser kleine Handwerksbetrieb verkauft einfach hervorragende Backwaren! Bio-Zweikorn-Weizen verleiht dem nahrhaften Sauerteigbrot seinen einzigartigen Geschmack. Am Wochenende stehen die Einheimischen hier Schlange für die Frühstücksbrötchen. Probieren Sie das köstliche Knäckebrot!

112 **GREEN RABBIT**
Tegnérgatan 17
Vasastan ⑦
+46 (0)8 20 46 26
mdghs.se/green-rabbit

In gewisser Weise ist Green Rabbit eine Versuchswerkstatt zur Entwicklung und Bewahrung der schwedischen Brotkultur. Es wird zwar Roggen verwendet, aber auch mit älteren Mehlen experimentiert. Mittags gibt es auch Suppen, Sandwiches und schwedische Köstlichkeiten.

113 **BAGERI PETRUS**
Swedenborgsgatan 4-B
Södermalm ⑤
+46 (0)8 641 52 11

Petrus gilt als Schwedens beste Bäckerei und es wird sehr schnell klar, warum. Probieren Sie die Butterkuchen *Kouign Amann*: Die butterigen, luftigen Schichten und der karamellisierte Überzug schmelzen nur so im Mund dahin.

114 ROBIN DELSELIUS BAGERI

Renstiernas gata 19
Södermalm ⑤
+46 (0)8 408 016 15
robindelseliusbageri.se

Viele Stockholmer jubelten, als Robin Delselius im Jahr 2016 die Türen zu seiner Bäckerei in Södermalm öffnete. Seine Familie betreibt seit mehreren Jahrzehnten Bäckereien im Umkreis, diese ist die erste in der Stadt. In einem zeitlos-klassischen Interieur wird hier hausgemachtes Bio-Brot verkauft.

115 LES PETITS BOUDINS

Fridhemsgatan 60
Kungsholmen ⑧
+46 (0)8 650 48 50

Les Petits Boudins (»Die kleinen Puddings«) ist die jüngere Schwester von Le Violon Dingue (»Die verrückte Violine«). Beide verkaufen leckeres Steinofenbrot. Die Bäckerei Boudins liegt in einer gemütlichen Nachbarschaft. Tipp: An Wochenenden nehmen sich die Bäcker einen Tag frei, also besuchen Sie die Läden am besten unter der Woche.

114 ROBIN DELSELIUS BAGERI

Die 5 besten
EISDIELEN

---

116 **FRYST**
　　Kungsholms strand 167
　　Kungsholmen ⑧
　　+46 (0)8 653 80 98
　　fryst.net

Diese kleine Eisdiele nahe Schloss Karlberg finden Sie leicht: Reihen Sie sich einfach in die Schlange ein! Der Laden wird von einer absolut entzückenden Mutter und ihrem Sohn geführt. Wer sich nicht entscheiden kann, darf so viele Eissorten probieren, wie er möchte. Falls Ihnen die Wahl schwerfällt, können Sie auch nur halbe Kugeln bestellen.

117 **SNÖ**
　　Odengatan 92
　　Vasastan ⑦
　　+46 (0)8 32 30 10
　　facebook.com/snogelateria

Die Gelateria Snö (schwedisch für »Schnee«) öffnete im Jahr 2016 neben dem Vasaparken. Sie verkauft cremiges Eis in einzigartigen Mischungen – darunter Gurke, Minze und Melone oder hell gebräunte Butter und Rosmarin. Die erste Filiale befindet sich auf Kvarnholmen und wird von Kenneth Erlandsson, dem offiziellen nationalen Eiskonditormeister von 2018, geführt.

118 **NORDIC FAUNA**
Kräftriket 14-A
Stockholm-Nord ⑨
+46 (0)8 546 900 60
nordicfauna.se

Besuchen Sie das Nordic Fauna Eiscafé mit handwerklich hergestelltem Eis im schönen Straßenkarree Kräftriket, um herauszufinden, wie die einzigartigen Kombinationen aus Blaubeere und Estragon, aus geräuchertem Heu, Raps und Zitrone oder aus Sauerampfer und Buttermilch schmecken.

119 **SCARFÓ**
Ålstensgatan 12
Bromma
+46 (0)8 25 35 05
scarfo.se

Wenn der Ausflug in die Vororte einen Anlass braucht, bietet sich ein Besuch bei Scarfó in Bromma an. Dort wird Eis aus Zutaten, die aus Italien importiert werden, und aus saisonalen schwedischen Produkten hergestellt. Bestellen Sie Ihre Portion zum Mitnehmen und unternehmen Sie einen Spaziergang durchs Viertel, zum Beispiel zum Per-Albin-Husen im typischen funktionalistischen Architekturstil der 1930er-Jahre.

120 **STIKKINIKKI**
Mariatorget 1-C
Södermalm ⑤
stikkinikki.com

Wenn Eis Ihr heimliches Laster ist, dann finden Sie bei StikkiNikki endlich einen Ort, an dem Sie es ohne Schuldgefühle genießen können. Das täglich frisch hergestellte Bio-Eis und -Sorbet enthält keine künstlichen Geschmacksverstärker oder Farbstoffe. Die Eisdiele wurde 2008 eröffnet und hat heute acht Zweigstellen. Die Filiale neben dem charmanten Mariatorget gilt als starker Favorit.

45 PLÄTZE FÜR EINEN DRINK

---

5 heiße **KAFFEE-TIPPS** —————————— 80

5 tolle Adressen für **GESUNDE SÄFTE** ————— 82

Die 5 besten Plätze für **CRAFT-BIERE** ————— 84

5 Bars für den **HUNGER ZWISCHENDURCH** —— 86

5 Dachterrassen für den **SUNDOWNER** ———— 88

5 **COCKTAILBARS**, die Sie testen sollten ———— 90

Die 5 besten **VINOTHEKEN** ————————— 93

5 schöne Orte für einen **DRINK IN DER SONNE** — 95

5 wunderbare **APFELWEINBARS** ——————— 98

5 heiße
KAFFEE-TIPPS

---

121 JOHAN & NYSTRÖM
Swedenborgsgatan 7
Södermalm ⑤
+46 (0)8 702 20 40
johanochnystrom.se

2004 öffneten Johan & Nyström ihren ersten Laden, und seitdem haben sie Schweden zu einem Land der Kaffeetrinker gemacht. Mit den hochwertigen, schonend gerösteten und fair gehandelten Kaffee- und Teesorten schärfen die Betreiber das Bewusstsein der Verbraucher. Sie geben Kurse und verkaufen ihre Produkte und Geräte in mehreren Cafés und Kaffeebars. Besuchen Sie diesen Concept Store!

122 ESPRESSO SOSTA BAR
Sveavägen 84-86
Vasastan ⑦
+46 (0)70 355 66 15
sosta.se

Espresso Sosta Bar ist eine Kaffeebar, die alle Anhänger der kleinen dunklen Tasse anzieht. Diese bestellen ihr Lieblingsgetränk bei den elegant gekleideten Barkeepern hinter der Theke, die reichlich mit *Panini*, *Cannoli* und *Biscotti* bestückt ist. Ganz nach italienischem Vorbild trinkt man den Espresso hier schnell und unkompliziert – der gesamte Vorgang dauert nur wenige Minuten.

123 DROP COFFEE

Wollmar Yxkullsgatan 10
Södermalm ⑤
+46 (0)76 369 50 70
dropcoffee.com

Sind Sie ein Kaffeekenner, der Wert auf Qualität und Handwerkskunst legt? Dann gehen Sie zu Drop Coffee nahe dem Mariatorget. Dorthin zieht es auch viele Gleichgesinnte, die sich eine gute Tasse gönnen. Die Kaffeebar röstet ihre eigenen Bio- und Fair-Trade-Bohnen und serviert sie auf vielfältige Weise – sowohl kalt gebrüht als auch heiß.

124 MELLQVIST KAFFEBAR

Rörstrandsgatan 4
Vasastan ⑦
+46 (0)8 30 23 80
*instagram.com/
mellqvistkaffebar*

Mellqvist steht ganz oben auf der Liste, wenn die Stockholmer ihre Lieblingscafés benennen sollen. Jeder, der das erste Mal durch die Tür dieser gut besuchten, gemütlichen Kaffebar tritt, wird genauso herzlich willkommen geheißen wie die Stammgäste. An Sommertagen sind die Sitze entlang der Ziegelwand der perfekte Ort, um das Straßengeschehen zu beobachten.

125 KAFÉ ORION

Norrtullsgatan 10
Vasastan ⑦
+46 (0)8 428 663 61
kafeorion.se

Dass Größe keine Rolle spielt, beweist das Kafé Orion. Die winzige Bar mit den grünen Wänden serviert Espressobasierte Getränke und – ganz trendy – Filterkaffee. Es gibt eine Zusammenarbeit mit der Göteborger Rösterei Da Matteo, die Kaffeebohnen kann man hier auch kaufen. Der Gründer betreibt außerdem das Kafé Esaias, ein weiteres großartiges Café, nur zehn Gehminuten von hier entfernt.

5 tolle Adressen für
GESUNDE SÄFTE

---

126 JUICEVERKET ODENPLAN
Norrtullsgatan 21
Vasastan ⑦
+46 (0)8 31 91 00
juiceverket.se

Juiceverket war 2011 der Ausschank, der den Safttrend in Stockholm auslöste. Das Ziel: eine Cocktailbar mit alkoholfreien Getränken zu etablieren. Seitdem ist es gelungen, die Hauptstädter mit gesunden Gemüse- und Fruchtsäften sowie sättigenden Smoothies zu begeistern – alle Getränke werden aus natürlichen Zutaten und aus frischem Obst und Gemüse hergestellt.

127 PEPSTOP
Riddargatan 3-A
Östermalm ②
+46 (0)8 530 336 00
pepstop.se

Ihr Name ist landesweit ein Begriff: Renée Voltaire gilt als Pionierin des gesunden Lebensstils in Schweden. Seit 2015 verkauft ihr Laden Pepstop in der Nähe des Stureplan ein Sortiment an nahrhaften und schön verpackten Lebensmitteln: kaltgepresste Säfte, Kombucha und Tee. Ein toller Boxenstopp, um bei langen Streifzügen durch die Stadt neue Energie zu tanken.

128 **BLUEBERRY**
Smålandsgatan 9
Norrmalm ②
+46 (0)8 463 91 00
blueberrylifestyle.se

Blueberry besteht seit 2006; damals eröffnete Ulrika Holm eine Saftbar mit ganzheitlichem Ansatz. Die Inspiration holte sich Holm von ähnlichen Läden in Los Angeles, London und New York. Der erste Blueberry-Shop entstand in Östermalm: bis heute der richtige Ort für gesunde Snacks, rohe Gemüsesäfte und Smoothies, zu denen auch ein ausgezeichnetes Essen serviert wird.

129 **KALLPRESSEN**
Rörstrandsgatan 34
Vasastan ⑦
+46 (0)73 267 67 60
kallpressen.se

In Vasastans Rörstrandsgatan produziert und verkauft Kallpressen gesunde Säfte aus biologischen Zutaten, die – der Firmenname deutet es an – kalt gepresst und abgefüllt werden. Tipp: Wenn Sie Ihren Blutzuckerspiegel schnell stabilisieren müssen, finden Sie die Säfte von Kallpressen auch in gut sortierten Lebensmittelgeschäften.

130 **MAHALO**
Hornsgatan 61
Södermalm ⑤
+46 (0)8 420 565 44
mahalsthlm.se

Södermalms veganes Café Mahalo betreiben ausschließlich Frauen. Sie tischen der Kundschaft entzündungshemmende, goldene Milch, den Drink »Pussy Power« oder gesunde Muntermacher mit Aktivkohle auf. Machen Sie eine Pause vom geschäftigen Treiben der Hornsgatan und probieren Sie *Mylkshakes* aus Hafermilch! Die Salate, Wraps und warmen Speisen werden auf regenbogenbuntem Geschirr serviert.

Die 5 besten Plätze für
CRAFT-BIERE

---

131 KATARINA ÖLKAFÉ
Katarina Bangata 27
Södermalm ⑤
+46 (0)8 644 64 43
katarinaolcafe.se

Die Bierstube Katarina Ölkafé hat seit ihrer Eröffnung im Jahr 2014 viele Bäuche mit hausgemachtem Pastrami auf Roggen- und Reubensandwiches gefüllt. Wie steht's mit den Getränken? Nun, Katarina Ölkafé führt nicht ohne Grund das »Öl« (auf Deutsch »Bier«) im Namen: Hier finden sich Kostproben lokaler Kleinbrauereien bis hin zu einer sorgfältig gepflegten Sammlung an Bieren aus aller Welt.

132 TRITONIA
Stora Nygatan 20-A
Gamla stan ③
+46 (0)8 10 00 03
tritonia.se

Das erste Bier wurde im Quartier Tritonia bereits vor Jahrhunderten gebraut. Heute halten sie die Tradition aufrecht, indem sie handwerklich gebrautes Bier von Klein- und Kleinstbrauereien aus dem Fass und in der Flasche darreichen. Die Bar wird von Liebhabern geführt, also kommen Sie vorbei und fachsimpeln Sie mit Ihnen über Getreide und Gärung!

133 **PROVIANT**
Arbetargatan 33
Kungsholmen ⑧
+46 (0)8 22 60 50
proviant.se/kungsholmen

Diese fantastische Kneipe liegt in der gut frequentierten Umgebung im westlichen Teil von Kungsholmen. Proviant serviert lokal produzierte, moderne Kneipengerichte und toppt so ziemlich alles, wenn es um Bier geht. Geeignete Besuchstage sind Sonntag und Montag, dann läuft die Produktion in der kleinen Brauerei.

134 **OMNIPOLLOS HATT**
Hökens gata 1-A
Södermalm ⑤
+46 (0)76 083 84 99
omnipolloshatt.com

Das Duo hinter Omnipollos Hatt braute vor ein paar Jahren das erste Bier – vorangegangen war eine Bildungsreise zu Brauereien auf der ganzen Welt und die Entwicklung eigener Rezepte. Seit 2015 gibt es nun in Södermalm eine eigene Bar, in der jeder Bierliebhaber die berühmten Biere von Omnipollos zusammen mit einem Stück Sauerteigpizza probieren kann.

135 **BREWDOG BAR**
Sankt Eriksgatan 56
Kungsholmen ⑧
+46 (0)8 650 21 10
brewdog.com

Kommt Ihnen BrewDog bekannt vor? Diese multinationale Brauerei- und Kneipenkette aus Schottland betreibt Bars im ganzen Vereinigten Königreich und in Europa. Die BrewDog-Filiale in Kungsholmen entstand 2013 als erste außerhalb Großbritanniens. Hier finden Sie Flaschen- und Dosenbiere verschiedener Sorten wie Lagerbier, Ale, Starkbier und IPA, das hopfige India Pale Ale.

5 Bars für den HUNGER ZWISCHENDURCH

---

136 **PENNY & BILL**
Grev Turegatan 30
Östermalm ②
+46 (0)8 611 02 11
pennyandbill.se

Die Gastrobar Penny & Bill befindet sich in einem ehemaligen Bankgebäude im Stil der 1970er-Jahre. Dort bieten Henrik Norström und Johan Evers eine perfekte internationale Mischung aus Essen und Cocktails an – das Stichwort lautet *Foodtail*. Lassen Sie sich ein auf Köstlichkeiten aus dem Grenzbereich von fest und flüssig und erfreuen sich am trendigen Interieur in Grün- und Cognactönen, aus Leder, Messing und Terrazzo.

137 **PARADISO**
Timmermansgatan 24
Södermalm ⑤
+46 (0)8 720 61 51
paradisostockholm.se

Den karibischen Look und das Lebensgefühl hat sich Paradiso in Miami und Kuba abgeschaut und ins Herz von Södermalm gebracht. Dort fungiert es als beliebter Treffpunkt für Rumliebhaber und tischt neben gut gemixten Cocktails auch einige leckere Gerichte auf Gemüsebasis auf.

138 NOOK

Åsögatan 176
Södermalm ⑤
+46 (0)8 702 12 22
nookrestaurang.se

Nook ist eigentlich ein Restaurant, hat aber in dieser Kategorie seine Berechtigung, weil auch feine Snacks über die Bar wandern. Diese sind von den fantastischen Speisen im Restaurant inspiriert, einer Mischung aus Haute Cuisine und Streetfood. So gelingt ein Geschmackserlebnis, das koreanische und schwedische Aromen zu erschwinglichen Preisen vereint.

139 YUC!

Norrtullsgatan 15
Vasastan ⑦
+46 (0)8 30 00 81
yuc.se

Tacos, *Ceviche*, *Tortas* ... Wer Cocktails am liebsten in Gesellschaft von mexikanischen Snacks zu sich nimmt, ist bei Yuc! an der richtigen Stelle. Die Getränkekarte ist umwerfend, und einige der Cocktails sind wegen der hausgemachten Spirituosen, Mischungen und Sirups einzigartig. Eine frische, verspielte Interpretation karibischer Leichtigkeit erwartet Sie in dieser lateinamerikanischen Oase am Odenplan.

140 THE FLYING ELK BACK BAR

Mälartorget 15
Gamla stan ③
+46 (0)8 20 85 83
theflyingelk.se

Der Sternekoch Björn Frantzén betreibt den Gastropub The Flying Elk in der Altstadt von Stockholm. Hier gibt es klassische Kneipengerichte mit moderner schwedischer Note sowie eine Auswahl an schwedischen Bieren und Gin Tonic.

5 Dachterrassen für den
SUNDOWNER

---

141 **TAK STOCKHOLM**
Brunkebergstorg 4
Norrmalm ①
+46 (0)8 587 220 80
tak.se

Hoch über Stockholm bietet Tak fantastische Aussichten: Die Bar thront auf einem neu renovierten Hotelgebäude neben dem Brunkebergstorg über Norrmalm. Neben der großartigen Terrasse verfügt Tak über ein hervorragendes asiatisches Restaurant.

142 **STRÖMTERRASSEN**
Strömgatan 14
Norrmalm ①
+46 (0)8 518 398 20
stromterrassen.se

Nicht ganz leicht zu finden, aber ein Juwel: Strömterrassen hat einen Balkon, von dem aus sich ein herrlicher Blick aufs Schloss, auf den Kai am Grand Hôtel und auf Skeppsholmen bietet. Um hierher zu gelangen, muss man in der Oper auf der Marmortreppe zwei Stockwerke nach oben steigen. Ein großartiger Ort!

143 **URBAN DELI 9TH FLOOR**
Sveavägen 44
Norrmalm ①
+46 (0)8 425 500 02
urbandeli.org/sveavagen

Stockholm hat nicht besonders viele Dachterrassen, daher entwickelte sich der Spot von Urban Deli seit seiner Eröffnung 2015 schnell zum willkommenen Anlaufpunkt. Entfliehen Sie dem geschäftigen Sveavägen per Aufzug in den neunten Stock! Diese Bar ist ein grüner Kunstpark mit Skulpturen und toller Aussicht.

144 DRAMATEN TERRASSEN

Nybrogatan 2
Östermalm ②
+46 (0)8 665 62 66
dramaten
restaurangerna.se

Die sonnendurchflutete Terrasse des Royal Dramatic Theatre zieht sowohl Stockholmer als auch Touristen an. Die Terrasse ist im Sommer geöffnet und leicht zu finden, wenn Sie durch die goldfarbenen Eingangstüren des Theaters gehen. Von diesem Platz blickt man auf Stockholms glamouröseste Viertel und das glitzernde Wasser von Nybroviken.

145 BARRIO

Långholmsgatan 15-B
Södermalm ④
+46 (0)8 525 202 60
hornhuset.se/barrio

Unauffällig, aber authentisch erscheint Barrio im obersten Stockwerk des Hornhuset in Hornstull. Lichterketten sorgen am Beton und den patinierten Möbeln für Farbtupfer. Auf der zauberhaften Terrasse genießen die Gäste Snacks, Getränke und die Sonne. Dazu gibt es einen wahrhaft urbanen Ausblick auf den Stadtverkehr, Gebäude im Stil der 1970er-Jahre und die Liljeholmsbron.

143 URBAN DELI 9TH FLOOR

5
COCKTAILBARS,
die Sie testen sollten

---

146 **LINJE TIO**
Hornsbruksgatan 24
Södermalm ④
+46 (0)8 22 00 21
linjetio.com

Tjoget besteht aus einem Restaurant und einer Bar, einer Weinschänke und einem Friseursalon. Der gemeinsame Nenner? Hier geht es um handwerkliches Können. Die Bar und der Speisesaal heißen Linje Tio. Ihre Cocktails gehören laut einem Internet-Voting zu den Top 50 der Welt. Es ist definitv schwer, diesen Ort mit seiner rustikalen Inneneinrichtung und der freundlichen Atmosphäre nicht zu mögen.

147 **TWEED**
Lilla Nygatan 5
Gamla stan ③
+46 (0)8 506 400 82
tweedbar.se

Wenn Herrenclubs, Chesterfield-Sessel und Longdrinks Ihr Ding sind, sind Sie hier goldrichtig. Jeder ist in dieser gemütlichen Bar willkommen (ganz gleich, ob Herr oder Dame). Bestellen Sie einen kreativ gemixten Cocktail, ein Glas Wein, eine Flasche Craft-Bier oder lassen Sie den Abend bei einem Digestif ausklingen!

150 PHARMARIUM

148 **20HUNDRA5**
Sankt Eriksgatan 102
Vasastan ⑦
+46 (0)8 34 05 05
noll5.se

Dass die Cocktailkultur nur im Umkreis des Touristenzentrums gedeiht, gilt für Stockholm nicht: Das 20Hundra5 liegt in der nordwestlichen Peripherie von Vasastan. Sitzen Sie hier Seite an Seite mit den Einheimischen und beobachten Sie, wie erfahrene Barkeeper ausgefallene Cocktails mixen! Die exzellenten Aromen und das lebendige Ambiente wirken auf jeden Fall mitreißend.

149 **CORNER CLUB**
Lilla Nygatan 16
Gamla stan ③
+46 (0)8 20 85 83
cornerclub.se

Die Altstadt macht seit Jahren Fortschritte, was das Angebot an Bars und Restaurants betrifft – unter den Touristenfallen finden Sie einige der besten Cocktailbars Stockholms. Corner Club gehört dazu. Die Getränkekarte ändert sich je nach Saison, aber Sie können sicher sein, immer interessante Geschmackserlebnisse und Klassiker mit dem gewissen Etwas serviert zu bekommen.

150 **PHARMARIUM**
Stortorget 7
Gamla stan ③
+46 (0)8 20 08 10
pharmarium.se

Diese experimentelle Cocktailbar in einer ehemaligen Apotheke nutzt geschickt die pharmazeutische Ausstattung mit Heilpflanzen, Rezeptboxen und Medikamentenflaschen. Auch die Getränkekarte passt zum Thema: Wie wäre es mit einem »Dämonenreiniger« auf Gin- und Bergamottebasis oder mit einem »Amortentia« mit Wermut und Walderdbeeren?

Die 5 besten
VINOTHEKEN

---

151 **COMBO VINBAREN**
Odengatan 52
Vasastan ⑦
+46 (0)8 522 256 52
combostockholm.se

Bistro Süd und PA & Co gehören zu den Favoriten der Stockholmer. Nun hat das Team zusätzlich eine kleine Weinbar neben der Stadtbibliothek eröffnet. Auf der Weinkarte stehen einfache, aber feine Weine sowie seltene und kostbare Tropfen aus aller Welt. Besonders lecker: der Früchte-Nachtisch *Gino*.

152 **VINA**
Sofiagatan 1
Södermalm ⑤
+46 (0)70 406 66 26
vina.nu

Wer im Vina Klassiker erwartet, ist fehl am Platz, in den Regalen findet man hauptsächlich Naturweine aus ungewöhnlichen Regionen. Wenn Sie Hunger haben, empfiehlt sich ein Teller mit *Pintxos*, Käse oder Aufschnitt oder eines der köstlichen Gerichte von der Speisekarte.

153 **GASTON**
Mälartorget 15
Gamla stan ③
+46 (0)8 20 85 83
gastonvin.se

Direkt neben The Flying Elk befindet sich das Gaston. Die Weinkarte dieser schönen Bar enthält Weine aus aller Welt. Die unprätentiöse Vinothek arbeitet gern wochenweise mit speziellen Themen, wie zum Beispiel einer bestimmten Traube oder Region.

154 **TYGE & SESSIL**
Brahegatan 4
Östermalm ②
+46 (0)8 519 422 77
tygesessil.se

Tyge & Sessil haben den Trend Naturwein aufgegriffen. Das Weincfé hält weniger bekannte Rebsorten parat, die von kleinen Winzern angebaut werden und die die Wachstumsbedingungen des jeweiligen Jahres genau widerspiegeln. Die entspannte Atmosphäre und die interessante Weinkarte begeistern jeden, der Lust auf Entdeckungen hat.

155 **FOLII**
Erstagatan 21
Södermalm ⑤
folii.se

Ein verstecktes Juwel für Besucher, die sich gern mit Einheimischen treffen: Folii wird von zwei erfahrenen Sommeliers geleitet, Jonas Sandberg und Béatriche Becher. Sie wechseln täglich die Speise- und die Weinkarte. Kommen Sie einfach vorbei, um herzhafte Snacks und leckere Getränke zu genießen.

154 **TYGE & SESSIL**

5 schöne Orte für einen
DRINK
IN DER SONNE

---

156 **MÄLARPAVILJONGEN**
Norr Mälarstrand 64
Kungsholmen ⑧
+46 (0)8 650 87 01
malarpaviljongen.se

Diese Oase mit atemberaubendem Blick über die Gewässer des Riddarfjärden bietet jedem Gast einen regenbogenbunten Empfang. Das Café und der Pavillon wurden in den 1940er-Jahren gebaut. Seitdem hat sich Mälarpaviljongen um drei mit Pflanzen geschmückte Schwimmdocks am Mälaren erweitert. Ein perfekter Ort zum Essen, Trinken und Beobachten der vorbeifahrenden Boote.

157 **GULDTERRASSEN**
Strömgatan 14
Norrmalm ①
+46 (0)8 518 398 20
guldterrassen.se

Diese saisonal geöffnete Open-Air-Bar im Herzen Stockholms verfügt über die wohl schönste Terrasse der Stadt mit herrlichem Ausblick. Es gibt nicht viele Leute, die von diesem Ort wissen. Aber die wenigen, die ihn kennen, gehen gern nach der Arbeit hierher oder auf einen Drink vor einem Opernabend.

158 BOULEBAR TANTO

Tantogatan 85
Södermalm ⑤
+46 (0)8 714 04 20
boulebar.se

Haben Sie Lust auf Pétanque und die Küche Südfrankreichs? Die drei Boulebars in Stockholm möchten mehr Hauptstädter von der Magie dieses Spiels, das Boccia ähnelt, überzeugen. Einer ihrer Ableger befindet sich am Hornstulls Strand in Tantolunden. Lassen Sie sich ein Glas Pastis schmecken, bevor Sie Ihr Spiel beginnen!

159 MOSEBACKETERRASSEN

Mosebacke Torg 1-3
Södermalm ⑤
+46 (0)8 531 993 79
sodrateatern.com/pa-tall riken/mosebacketerrassen

Der Biergarten im Södra Teatern, mitten im unkonventionellen Viertel Södermalm, ist ein pulsierender Hotspot und bestens geeignet, um in netter Gesellschaft Live-Auftritte zu erleben. Besuchen Sie die kleinere Södra Bar oder Champagnebaren, wenn Sie eine atemberaubende Aussicht über die Stadt in einer intimeren Umgebung bevorzugen.

160 GÅRDEN

Barnhusgatan 12
Norrmalm ①
+46 (0)8 23 24 24
gardenstockholm.se

Im Sommer ist Gården eines der größten Open-Air-Restaurants der Stadt. Es befindet sich in einem ehemaligen Schulhof vor einem Gebäude im Neorenaissancestil. Zelte, Pflanzen und nicht selten Livemusik sorgen für ein tolles Ambiente. Eine größere Bar bietet hier Plätze an der Sonne, eine kleinere wird von einem Glasdach beschirmt. Das Essen ist südamerikanisch inspiriert.

5 wunderbare
APFELWEINBARS

---

161 **VÄRMDÖ MUSTERI**
Eknäsvägen 25
Ingarö
+46 (0)70 857 12 00
varmdomusteri.se

Värmdö Musteri wird von einem schwedisch-dänischen Ehepaar geführt. Es verkauft seinen preisgekrönten Apfelsaft, hausgemachte Produkte wie Gelee, Marmelade, Apfelkuchen und dänisches Smørrebrød in seinem Café und Hofladen. Auf Führungen können Sie sehen, wie Äpfel zu Most, Essig, Apfelwein und Calvados verarbeitet werden.

162 **LIDINGÖ MUSTERI**
Grönsta Prästgård 8
Lidingö
+46 (0)70 524 83 05
lidingomusteri.se

Gartenbesitzer bringen ihre eigenen Äpfel zum Pressen hierher und werden mit Brötchen und Brot von Lidingö Bröd & Pâtisserie sowie Kaffee aus einer örtlichen Rösterei bewirtet. Lidingö ist ein schönes Ziel für einen Tagesausflug in die Natur und den Schärengarten.

163 **EDSVIKENS MUSTERI**
Sollentunavägen 55
Sollentuna
+46 (0)73 639 02 23
edsvikensmusteri.se

Edsvikens Musteri legte im Jahr 2013 los: Zwei Frauen taten sich zusammen, um Äpfel aus Privatgärten zu verarbeiten. Heute haben sie eine kleine, handbetriebene Produktionsanlage, in der sie Äpfel zu köstlichem Apfelmost pressen.

164 **ÄPPELFABRIKEN**
Viksundsvägen 60
Svartsjö
appelfabriken.se

Hinter Äppelfabriken verbirgt sich einer der ältesten Apfelhöfe des Landes aus dem 17. Jahrhundert. Machen Sie einen Spaziergang durch den Obstgarten, genießen Sie hausgemachten Apfelwein und frisch gebackene Bio-Backwaren. Svartsjö liegt auf Färingsö, einer Insel im Mälaren, die man mit dem Auto erreichen kann.

165 **ROSENHILL**
Nyckelbyvägen 22
Ekerö
+46 (0)8 560 200 60
rosenhill-ekerö.blogspot.com

Auf Rosenhill in Ekerö werden unter anderem Äpfel auf biologischer Basis angebaut. Die entspannte Hippie-Atmosphäre macht diesen Bauernhof zu einem idealen Ort zum Entspannen und Genießen. Hier können Sie Ihren eigenen Apfelwein zubereiten, hausgemachtes Essen genießen oder Kunsthandwerk erwerben.

90 EINKAUFS-MÖGLICHKEITEN

Die 5 besten **BLUMENLÄDEN** —— 104

5 tolle Geschäfte für **SCHWEDISCHE JEANS** —— 106

5 Shops für **SKANDINAVISCHES SCHMUCKDESIGN** —— 108

Die 5 besten **SCHREIBWARENLÄDEN** —— 111

Die 5 beliebtesten **LIFESTYLE-SHOPS** —— 114

Die 5 schönsten **BEAUTY-BOUTIQUEN** —— 116

5 auf **SCHWEDISCHES DESIGN** *spezialisierte Marken* —— 118

5 SCHUHMARKEN, *die Einheimische lieben* —— 121

5 tolle **MODEGESCHÄFTE FÜR MÄNNER** —— 123

5 erstklassige **MODEGESCHÄFTE FÜR FRAUEN** 125

5 Geschäfte für **VINTAGE-MODE** —————— 127

5 interessante **PLATTENLÄDEN** —————— 129

5 Geschäfte für **VINTAGE-DESIGN** —————— 131

5 Geschäfte für **MODERNE INNENEINRICHTUNG** —————— 134

5 ausgesuchte **ANTIQUARIATE** —————— 136

5 besondere **BUCHLÄDEN** —————— 138

5 sehr nützliche **GESCHÄFTE** —————— 140

5 schöne Läden für **KÜNSTLERBEDARF UND PAPIER** —————— 142

Die 5 besten
BLUMENLÄDEN

---

166 CHRISTOFFERS BLOMMOR
Käkbrinken 10
Gamla stan ③
+46 (0)8 24 00 75
christoffersblommor.se

Christoffer Broman verzaubert die Einheimischen mit wunderbar wilden Sträußen und die Modebranche mit kunstvollen Arrangements. Angefangen hat alles in den frühen 2000er-Jahren mit einem Miniladen in einer engen Altstadtgasse, wo Christoffer bis heute seine natürlichen Kompositionen steckt.

167 MAKALÖSA BLOMMOR
Sveavägen 102
Vasastan ⑦
+46 (0)8 673 73 48
makalosablommor.se

Dieses kleine luxuriöse Geschäft bietet ein großartiges, klassisches Sortiment. Romantische, bäuerliche, aber auch schicke Sträuße mit bezaubernden Rosen, großen Pfingstrosen und dichten Blütenblättern in warmen, rosa Farbtönen und cremeweiß sind ihre Spezialität.

168 GULLVIVAN
Södra Kungsvägen 62
Lidingö
+46 (0)8 765 90 13
*gullvivans-blomster
handel.se*

Das Gullvivan-Gewächshaus liegt gleich hinter der Brücke nach Lidingö. Wer durch die Tür geht, fühlt sich, als würde er eine Märchenwelt betreten. Das Paar hinter Gullvivan, Olivera und Kristian, veranstaltet das ganze Jahr über Workshops, die Laien damit vertraut machen, wie man eigene Blumengestecke kreiert.

169 **FLORISTKOMPANIET**
Norrlandsgatan 16
Norrmalm ①
+46 (0)8 678 14 19
floristkompaniet.se

Diese grüne, zentral gelegene Oase bindet unkonventionelle und ausladende Sträuße mit Blumen der Saison. Schon das Interieur des Ladens wirkt inspirierend und bietet eine geschmackvolle Auswahl an Keramik, handgemachten Karten und botanischen Schönheitsprodukten.

170 **BLADVERKET**
Nytorgsgatan 23-A
Södermalm ⑤
+46 (0)8 644 58 77
bladverket.se

Die Einheimischen würden es wahrscheinlich vorziehen, diesen wunderbaren Floristen geheim zu halten. Seit 1992 gestaltet »Blattwerk« in der Nytorgsgatan brillante Blütensträuße. Die Vielfalt ist riesig und reicht von Brautsträußen und Ansteckblumen für den Bräutigam bis hin zu Tischdekorationen und Kränzen. Die Zahl der Stammkunden spricht für sich.

170 **BLADVERKET**

5 tolle Geschäfte für SCHWEDISCHE JEANS

---

171 **CHEAP MONDAY**
BEI: WEEKDAY
Götgatan 21
Södermalm ⑤
+46 (0)8 642 17 72
cheapmonday.com

Der Designer Örjan Andersson erkannte den Bedarf an preiswerten, aber modischen Jeans und gründete Cheap Monday 2004. Heute bietet die Marke eine breite Palette von Schnitten, wobei der extrem günstige Preis der gemeinsame Nenner ist. Zu empfehlen ist das hauseigene Modell in hautengem Stretch-Denim!

172 **NUDIE**
Skånegatan 75
Södermalm ⑤
+46 (0)10 151 57 15
nudiejeans.com

Nudie hält sämtliche Modelle und Farben an Jeans vorrätig. Im Laden werden auch kostenlose Reparaturen durchgeführt. Zum nachhaltigen Konzept gehört, dass Nudie ausschließlich Denim aus 100 Prozent biologischer Baumwolle verwendet.

173 **BLK DENIM**
BEI: NK DENIM
Hamngatan 18-20
Norrmalm ①
+46 (0)8 762 81 91
nk.se

Als der Designer und langjährige Diesel-Manager Johan Lindeberg 2010 eine künstlerische Pause einlegte, kam ihm eine neue Idee. Er wollte zeitlose Kleidung entwerfen – mit einem Schwerpunkt auf Lederjacken und Denims. Das Ergebnis: BLK DNM führt heute einen Vorzeigeladen in New York und hat Vertriebspartner in Stockholm.

174 **ACNE STUDIOS**
Norrmalmstorg 2
Norrmalm ②
+46 (0)8 611 64 11
acnestudios.com

Angefangen hat die Erfolgsgeschichte von Acne Studios im Jahr 1996 in einem umgebauten Ladengeschäft, das 1973 als Bankgebäude durch eine Geiselnahme und das Stockholm-Syndrom berühmt wurde. Heute hängt hier Denim in verschiedenen Ausführungen. Die Umkleideräume befinden sich im alten Tresorraum der Bank.

175 **DR. DENIM GALLERY**
Bondegatan 46
Södermalm ⑤
+46 (0)76 863 76 87
drdenimjeans.com

Zwei Brüder und ihr Vater gründeten Dr. Denim 2004 in Göteborg. Sie träumten davon, Stoffe zu schaffen, die für mehrere Jahreszeiten taugen. Das Unternehmen befindet sich nach wie vor in Familienhand. In der Stockholmer Filiale in SoFo können Sie das Angebot an schmalen und geraden Jeans sowie Schlaghosen und Hotpants durchstöbern.

172 NUDIE

5 Shops für
SKANDINAVISCHES SCHMUCKDESIGN

---

176 DRAKENBERG SJÖLIN
Köpmansbrinken 4
Gamla stan ③
+46 (0)8 24 11 30
drakenbergsjolin.com

Mit verschiedenen Edelmetallen und Motiven aus der Natur fängt das Designerduo hinter Drakenberg Sjölin essentielle nordische Themen ein und setzt sie in tragbaren Schmuck um. Die zeitlos eleganten Kollektionen verbinden fragile Anmut mit viel Aussagekraft und klassischer Ästhetik. Ihr Flagshipstore befindet sich in der Hamngatan in Norrmalm.

177 EFVA ATTLING
Hornsgatan 44
Södermalm ⑤
+46 (0)8 642 99 49
efvaattling.se

Die vielseitige Künstlerin startete Ende der 1990er-Jahre in einem kleinen Atelier in der Hornsgatan. Seitdem hat das Unternehmen zehn Concept Stores eröffnet. Mit ihren voll im Trend liegenden Kunstwerken, die Namen wie Kaboom (»Wumms«) und Balls (»Bälle«) tragen, fasziniert Efva Attlings Design.

178 **ALL BLUES**
BEI: NK NORDISKA DESIGNERS
Hamngatan 18-20
Norrmalm ①
+46 (0)8 762 88 00
nk.se
allblues.se

All Blues wurde 2010 von zwei Freunden, Fredrik Nathorst und Jacob Skragge, gegründet. Sie erhielten viel Aufmerksamkeit für ihre Unisex-Linie und ihre reine Ästhetik. Jedes Stück wird von erfahrenen Kunsthandwerkern in einer alten Gießerei handgefertigt. Sie können All Blues Schmuck online und in verschiedenen Boutiquen in der Umgebung kaufen.

179 **MARIA NILSDOTTER**
Sturegatan 6
Östermalm ②
+46 (0)8 611 93 00
marianilsdotter.com

Krallen, Insekten und Aliens kombiniert mit Perlen, Juwelen, Silber und Gold ... Maria Nilsdotter findet Inspiration in Fantasiewelten und Märchen. Betreten Sie das Universum ihrer faszinierenden Boutique neben dem Stureplan, um ihre Schmuckkollektionen und die zeitlose, aber punkige Heimdeko in Augenschein zu nehmen. Schalen, Serviettenringe und Kerzenhalter entwirft sie in Zusammenarbeit mit Skultuna.

180 **FEMINISTSMEDEN**
Kungsholmsgatan 4-A
Kungsholmen ⑧
+46 (0)73 998 98 70
feministsmeden.se

Schmuck, der zugleich ein Symbol des Feminismus und der Gleichberechtigung ist – etwas so besonderes gibt es bei Feministsmeden. Vom Hauptbahnhof sind es nur sieben Minuten zu Fuß nach Kungsholmen, wo sich das Atelier von Nathalie A Wåhlin befindet. Sie ist nicht nur Goldschmiedin mit Leib und Seele, sondern auch Feministin – ihr handgefertigter Schmuck verbindet beide Elemente und ist absolut sehenswert.

Die 5 besten
SCHREIBWARENLÄDEN

---

181 ORDNING & REDA
Götgatan 32
Södermalm ⑤
+46 (0)8 714 96 01
ordning-reda.com

Die Geschichte von Ordning & Reda reicht bis ins Jahr 1982 zurück. Damals beschlossen zwei Geschwister, in einem eigenen Laden hochwertige Schreibwaren zu verkaufen. Heute gibt es zahlreiche Ordning & Reda-Geschäfte in Stockholm. Ihre Notizbücher und ihr Schreibtischzubehör weisen immer noch den reinen und einfachen Stil auf wie zur Zeit der Unternehmensgründung.

182 LAGERHAUS
Drottninggatan 31
Norrmalm ①
+46 (0)8 23 72 00
lagerhaus.se

Lagerhaus verfügt über eine große Auswahl an erschwinglichen Büromaterialien, die das Unternehmen selbst gestaltet: lustige Zitate auf Notizblöcken, Stifte in Pastellfarben, Wochenplaner, praktische Boxen … Niedliches Zubehör, von dem Sie nicht wussten, dass Sie es brauchen, das Sie aber wahrscheinlich nicht mehr missen möchten.

183 PALMGRENS

Sibyllegatan 7
Östermalm ②
+46 (0)8 667 90 40
palmgrens.se

Palmgrens besteht seit 1896, als die Stockholmer noch mit Pferd und Wagen unterwegs waren. In den letzten gut 120 Jahren hat sich die Produktpalette von der Reit- und Pferdeausrüstung auf Schreibtischaccessoires, Boxen und Koffer aus pflanzlich gegerbtem Leder erweitert. Das Geschäft befindet sich bis heute in der gleichen Nachbarschaft.

184 BOOKBINDERS DESIGN

Drottninggatan 82
Norrmalm ①
+46 (0)8 411 55 48
bookbindersdesign.com

Haben Sie schon einmal von Ihrem persönlichen und einzigartigen Briefpapier geträumt? Bei Bookbinders Design ist man spezialisiert auf hochwertige handgefertigte Notizbücher, Fotoalben, Tagebücher und Schachteln in einer Vielzahl von Farben und Formen. Viele tragen individuelle Prägungen. Tipp: Es kann einige Tage dauern, bis etwas geprägt ist, also geben Sie Ihre Bestellung rechtzeitig auf!

185 GRANIT

Götgatan 31
Södermalm ⑤
+46 (0)8 642 10 68
granit.com

Das erste Granit-Geschäft in der Götgatan öffnete Ende der 1990er-Jahre. Sein Motto lautet seitdem: Produkte verkaufen, die das Leben vereinfachen und Ihnen mehr Zeit geben, es zu genießen. Hier finden Sie intelligente Aufbewahrungslösungen in verschiedenen Materialien und Farben, Schreibwaren, Geschenkpapier, Klammern, Stifte und viele DIY-Produkte.

183 PALMGRENS

Die 5 beliebtesten
LIFESTYLE-SHOPS

186 **SVARTVITA RUM**
Kungsholmsgatan 18
Kungsholmen ⑧
+46 (0)8 33 26 22
svartvitarum.se

Skandinavische Interieurs sind bekannt für ihren schlanken Stil. Die Beschränkung auf Schwarz und Weiß kann ein atemberaubendes und dramatisches Ambiente schaffen. Bei Svartvita Rum spiegeln sich alle Grautöne in den ausgestellten Waren wider – von Bettwäsche über Schmuck bis hin zu Küchenaccessoires.

187 **FABLAB**
Bondegatan 7
Södermalm ⑤
+46 (0)8 420 516 37
fab-lab.nu

Bei Fablab verkauft der Bühnenbildner und Stylist Johan Svenson sorgfältig ausgewählte Inneneinrichtungs- und Beauty-Produkte. Der Showroom ist von Donnerstag bis Sonntag geöffnet.

188 **APLACE**
Norrlandsgatan 11
Norrmalm ①
+46 (0)8 643 32 30
aplace.com

Aplace war sowohl ein Modemagazin als auch eine Messe, bevor es im Jahr 2007 als Geschäft reüssierte. Heute gibt es mehrere Läden quer über die Stadt verteilt. Der zentrale Store befindet sich in der Norrlandsgatan: ein großartiger Ort, um Kleidung, Accessoires, Kinderkleidung, Schuhe und Einrichtungsgegenstände der interessantesten skandinavischen Marken zu kaufen.

189 **NITTY GRITTY**
Krukmakargatan 26
Södermalm ⑤
+46 (0)8 658 24 40
nittygrittystore.com

Als eine der ersten unabhängigen Filialen in Stockholm bot Nitty Gritty 1991 gut sortierte Produkte verschiedener Marken als Reaktion auf die damals marktbeherrschenden Bekleidungshäuser an. Nitty Gritty ist immer noch ein sicherer Tipp für alle, die nach außergewöhnlichen Düften, Schuhen und Kleidung suchen.

190 **GRANDPA**
Fridhemsgatan 43
Kungsholmen ⑧
+46 (0)8 643 60 81
grandpastore.com

Funktionelle und trendige Outdoor-Marken, skandinavische Innenausstattung, organische Seifen und nützliche Bücher – das alles passt bei Grandpa zusammen. Fügen Sie eine entspannte Atmosphäre und freundliches Personal hinzu und Sie werden sehen, warum dieser alte Verwandte einen Besuch wert ist.

Die 5 schönsten
BEAUTY-BOUTIQUEN

---

191 **L:A BRUKET**
Södermannagatan 19
Södermalm ⑤
+46 (0)8 615 00 11
labruket.se

Die Heilkraft der schwedischen Westküste hat L:a Bruket in die Hauptstadt geholt. Diese in Varberg ansässige Hautpflegemarke verwendet ausschließlich natürliche Inhaltsstoffe für ihre Produkte, die Salz, Seetang und Wasser aus dem Atlantik zu atmen scheinen. L:a-Bruket-Artikel bewähren sich bei Spa-Anwendungen und Hauterkrankungen.

192 **BYREDO**
Mäster Samuelsgatan 6
Norrmalm ①
+46 (0)8 525 026 15
byredo.se

Die Byredo-Boutique mit ihrer auch farblich puristischen Inneneinrichtung passt perfekt zur Unisex-Duftlinie im markanten Verpackungsdesign. Die Linie umfasst auch Duftkerzen, Seifen, Hautpflegeprodukte und Lederwaren. Die dezenten Parfums wecken schöne Erinnerungen.

193 **BJÖRK & BERRIES**
Stureplan 4
Östermalm ②
+46 (0)708 991 691
bjorkandberries.com

Die Öko-Luxus-Hautpflegemarke Björk & Berries betreibt einen Flagshipstore in der Sturegallerian. Auf wenigen Quadratmetern bietet sich ein tolles Erlebnis. Die hellen und lichten Birkenregale sowie Produktnamen wie »Dark Rain« und Zutaten wie »Sea Buckthorn« (Sanddorn) spielen auf die Ursprünge der Marke an, die in den Wäldern Nordschwedens liegen.

194 **COW PARFYMERI**
Mäster Samuelsgatan 9
Norrmalm ①
+46 (0)8 611 15 04
cowparfymeri.se

Dieser Shop ist ein Anlaufpunkt für Profis, die nach hochwertigen Produkten verlangen. Seit der Eröffnung 1999 haben die Inhaber Christian und Wenche Hughes die besten Kosmetikmarken der Welt für ihr Geschäft ausgesucht. Erfahrene Visagisten helfen dabei, die perfekten Produkte zu finden und geben wertvolle Ratschläge.

195 **DAYSPA**
Sibyllegatan 16
Östermalm ②
+46 (0)8 684 094 44
dayspa.se

Als Dayspa im Jahr 2014 den Betrieb aufnahm, waren sie das erste städtische Spa in Stockholm, das schnelle Behandlungen anbot. Der Blick ins Innere lohnt, auch wenn man sich keine Anwendung gönnt. Empfangsbereich, Laden, Bar und Behandlungsräume bilden eine optische Einheit, die skandinavischen Chic mit hellem Holz, minimalistischen Linien und aquagrüner Farbgebung ideal kombiniert.

5 auf
SCHWEDISCHES DESIGN
spezialisierte Marken

---

196 **STUTTERHEIM**
Åsögatan 136
Södermalm ⑤
+46 (0)8 408 103 98
stutterheim.com

Nicht immer scheint die Sonne über Stockholm. Einen perfekten Schutz vor Regen bieten die handgefertigten Regenmäntel von Stutterheim. Die Firmenphilosophie begegnet der schwedischen Melancholie damit, auch schlechtes Wetter als gegeben hinzunehmen. Das Stockholmer Geschäft ist mit klassischen, farbenfrohen Mänteln im Retro-Stil gefüllt und befindet sich in einer der beliebtesten Straßen von Södermalm.

197 **HAPPY SOCKS**
Mäster Samuelsgatan 9
Norrmalm ①
+46 (0)8 611 87 02
happysocks.com

Seit 2008 verbreitet Happy Socks mit seinen farbenfrohen, brillant gemusterten Socken gute Laune. Heute gibt es weltweit Conceptstores und in der Heimatstadt von Happy Socks mehrere Outlets. Der Laden in der Mäster Samuelsgatan war der erste der Läden: Schauen Sie vorbei, um ein paar Socken zu erwerben, über die Punkte, Streifen oder Tiermotive tanzen!

198 **NIVIDAS**
Almlöfsgatan 3
Östermalm ②
nividas.com

Nividas bedeutet »wir sehen« auf Esperanto, einer Kunstsprache, die ein polnischer Augenarzt im 19. Jahrhundert entwickelte. Ein großer Name und sinniger Anspruch für eine Brillenmarke! In dem kleinen Geschäft in Östermalm können Sie Sonnenbrillen kaufen oder verschiedene Modelle der erschwinglichen Unisex-Linie anprobieren.

199 **SANDQVIST**
Swedenborgsgatan 3
Södermalm ⑤
+46 (0)76 221 04 75
sandqvist.net

Der Ingenieur Anton Sandqvist empfing seine Inspiration einerseits von der nordischen Landschaft, andererseits vom quirligen Stadtleben – und setzte seine Eindrücke 2004 um, als er seinen ersten Rucksack nähte. Heute gilt Sandqvist als berühmtes Label und seine praktischen Baumwoll-Canvas-Rucksäcke und Ledertaschen werden von Hipstern in aller Welt getragen, von Skandinavien bis nach Tokio und Los Angeles.

200 **TRIWA**
Grev Turegatan 13
Östermalm ②
+46 (0)70 140 89 57
triwa.com

Im Jahr 2007 dachten vier Freunde, es sei an der Zeit, der Uhrenindustrie, die ihrer Meinung nach zu sehr auf Status und Tradition ausgerichtet war, neue Impulse zu geben. Das Ergebnis ist TRIWA. Durch die Kombination von kreativem Marketing mit aktuellem Design, das sich an Möbeldesign, Architektur und zeitgenössischer Kunst orientiert, sind TRIWA-Uhren und -Accessoires heute weltweit begehrt.

201 SWEDISH HASBEENS

5 SCHUHMARKEN,
die Einheimische lieben

---

201 **SWEDISH HASBEENS**
Nytorgsgatan 36-A
Södermalm ⑤
+46 (0)8 702 01 01
swedishhasbeens.com

Diese Marke trägt die Tradition schon im Namen – jenseits der Touristenläden im Stadtzentrum bietet Swedish Hasbeens klassisch-schlichte Schuhe an. Die farbenfrohen und bequemen Holzschuhe haben eine schicke, nostalgische Ästhetik, die an die 1970er-Jahre anknüpft. Der Besuch der beiden Geschäfte ist wie das Betreten einer Fundgrube für Retro-Schuhliebhaber.

202 **EYTYS**
Norrlandsgatan 22
Norrmalm ①
+46 (0)8 684 420 80
eytys.com

Beeinflusst von der Straßenkultur der 1980er- und 1990er-Jahre gründeten die Jugendfreunde Jonathan Hirschfeld und Max Schiller 2013 die Sneaker-Marke Eytys. In ihrer Unisex-Linie lebt die goldene Ära der Sneaker weiter – und ganz nebenbei haben ihre dicken, charakteristischen Sohlen, inspiriert von Segelschuhen, die Modewelt im Sturm erobert.

203 STINAA.J
Regeringsgatan 42-44
Norrmalm ①
stinaaj.com

Bequeme High Heels? Das ist dank der Bauingenieurin Stina Andersson kein Widerspruch. Gemeinsam mit dem Orthopädietechniker Peter Hedström entwickelte sie die Schuhmarke Stinaa J, die Schmerzen und Verletzungen durch Druckentlastung und Fußunterstützung vorbeugt. Und keine Sorge, es gibt keine Kompromisse beim Stil!

204 C.QP
Skeppargatan 22
Östermalm ②
+46 (0)70 269 08 22
c-qp.com

Das schwedische Schuhlabel C.QP, was für Conversations & Quintessential Products steht, existiert seit 2013. Seine eleganten und sportlichen Turnschuhe aus weichem Wildleder und Leder werden in Portugal handgefertigt. Sie sind Grenzgänger zwischen traditionellen Turnschuhen und Schuhen für formellere Anlässe. Besuchen Sie Showroom und Boutique im schicken Östermalm!

205 ATP ATELIER
Sofiagatan 3
Södermalm ⑤
+46 (0)8 120 552 60
atpatelier.com

Im Italienurlaub kamen die Freunde Jonas Clason und Maj-La Pizzelli auf die Idee, zeitgenössisches skandinavisches Design mit authentischer italienischer Handwerkskunst zu verbinden. Sie gründeten eine kleine Werkstatt, die zunächst Sandalen herstellte. Seitdem hat ATP Atelier zahlreiche Kollektionen herausgegeben und viele Preise für Schuhe und Ledertaschen eingeheimst.

5 tolle
MODEGESCHÄFTE
FÜR MÄNNER

---

206 LUND & LUND
Sturegatan 12
Östermalm ②
+46 (0)8 661 07 35
lundochlund.se

Lund & Lund betreiben eine Schneiderei für Herren auf höchstem Niveau. Die Brüder Hans und Jesper Lund haben in London und New York das Zuschneiden erlernt. Auch heute noch besuchen Männer jeden Alters das Geschäft, um das optimal sitzende Outfit zu finden.

207 A DAY'S MARCH
Kungsgatan 3
Norrmalm ①
+46 (0)8 611 00 20
adaysmarch.com

Bei A Day's March wird gut sitzende Bekleidung mit eleganter Ästhetik verkauft – Oxford Shirts, Merino-Strickwaren und Chinos … Die zeitlose Garderobe sprengt den finanziellen Rahmen nicht.

208 PAUL & FRIENDS
IM: NORDISKA KOMPANIET STORE
Hamngatan 18-20
Norrmalm ①
+46 (0)8 762 83 30
paul-friends.com

Im zweiten Stock des Luxuskaufhauses Nordiska Kompaniet befindet sich die Ausstellungsfläche von Paul & Friends als Shop-in-Shop. Das Mehrmarkengeschäft wurde 1991 eröffnet und verkauft eine handverlesene Auswahl an internationalen und schwedischen Modelabels. Außerdem gibt es eine eigene Kollektion mit modernen, maßgeschneiderten Formen für einen eleganten zeitgemäßen Look.

209 OUR LEGACY

Krukmakargatan 24
Södermalm ⑤
+46 (0)8 668 20 60
ourlegacy.se

Die Herrenbekleidungsmarke Our Legacy steht seit ihrer Gründung im Jahr 2005 für trendige Qualitätskleidung. Jockum Hallin und Christopher Nying begannen mit einer Reihe von grafisch bedruckten T-Shirts, haben aber inzwischen ihre Kollektion um Schuhe und Sonnenbrillen erweitert. Der erste Shop mit tollen Nachbar-Stores wie Papercut und Nitty Gritty liegt in der schicken Krukmakargatan.

210 C STORE PREMIUM

Regeringsgatan 77
Norrmalm ①
+46 (0)8 21 06 08
caliroots.se

Seit 2003 gilt Caliroots als angesagter Treffpunkt für modebewusste Stockholmer, die auf der Suche nach einzigartiger Streetwear aus den USA und Japan sind. C Store heißt das dortige Premium-Konzept mit hochwertiger Herrenmode von Marken wie Norse Projects und Maison Kitsuné. Tipp: Das Schuhgeschäft Six Feet Down mit einer feinen Auswahl an Turnschuhen gehört zur Firmenfamilie.

5 erstklassige
MODEGESCHÄFTE
FÜR FRAUEN

---

211 **NATHALIE SCHUTERMAN**
Birger Jarlsgatan 5
Norrmalm ②
+46 (0)8 611 62 01
nathalieschuterman.com

Birger Jarlsgatan ist Stockholms goldene Meile des Luxusshoppings, und Nathalie Schutermans Laden passt definitiv in diese Kategorie. In der Boutique wird handverlesene Mode von internationalen Marken wie Lanvin, Dries Van Noten, Prada, Céline und vielen anderen verkauft.

212 **TOTÊME**
Tegnérgatan 37-A
Vasastan ⑦
+46 (0)73 392 22 82
toteme-nyc.com

Der Geburtsort von Totême ist New York, die »Eltern« sind das schwedische Ehepaar Elin Kling und Karl Lindman. Sie präsentieren ihre Kollektionen im stilvollen Showroom mit schickem 1950er-Jahre-Wohnzimmer-Ambiente. Weitere Verkaufsflächen gibt es in Åhléns City oder im NK-Store.

213 **& OTHER STORIES**
Biblioteksgatan 11
Norrmalm ①
+46 (0)8 440 52 90
stories.com

Das Stockholmer Label & Other Stories, eine der Premium-Marken des Modediscountriesen H & M, ist seit seiner Eröffnung 2013 ein Mekka für Fashionliebhaber. Schwedische Frauen lieben das preiswerte Angebot an Kleidung mit dem besonderen Touch und an Mode der aktuellen Saison.

214 **RODEBJER**

Smålandsgatan 12
Norrmalm ①
+46 (0)8 611 01 17
rodebjer.com

Seit Ende der 1990er-Jahre erhielt die Designerin Carin Rodebjer zahlreiche Auszeichnungen für ihre praktischen, femininen und avantgardistischen Entwürfe und modernen Designs. Den Flagshipstore in einer ehemaligen Bank zeichnet eine schöne Inneneinrichtung mit klaren Linien und erdigen Tönen aus.

215 **KEEN STOCKHOLM**

Upplandsgatan 36
Vasastan ⑦
+46 (0)8 32 33 73
keenstockholm.se

Es gibt nicht viele Conceptstores für Damenmode in Stockholm, aber zum Glück macht Keen das wieder wett. Die Inhaber Michaela Wallerström und Ninnie Lahnborg verkaufen Kleidung, Schuhe, Schmuck, Accessoires und Einrichtungsgegenstände aus aller Welt. Ihr unangestrengter Charme macht diesen Laden zum Erlebnis. Er ist nur einen Block vom Odenplan entfernt.

214 RODEBJER

5 Geschäfte für
VINTAGE-MODE

216 **HERR JUDIT**
Hornsgatan 65
Södermalm ⑤
+46 (0)8 658 30 37
herrjudit.se

Der Laden mit Elefant im Logo gilt als Stockholms bester Vintage-Shop für Herrenmode, Uhren, Accessoires und Innenausstattung. Seit 2005 gibt die sorgfältig gepflegte Kollektion geradezu eine Garantie für beste, handverlesene Stücke. Neben dem Hauptgeschäft unterhält Herr Judit auch ein Geschäft im Viertel Östermalm.

217 **STOCKHOLMS STADSMISSIONEN**
Skånegatan 75
Södermalm ⑤
+46 (0)8 684 234 50
stadsmissionen.se

Neben dem Nytorget liegt einer der vielen Wohltätigkeitsläden von Stockholms Stadsmissionen. Hier können Sie günstige Kleidung, Accessoires, Kunst und Antiquitäten erstehen. Die gemeinnützige Organisation hilft Obdachlosen, Süchtigen, Kindern in Not und älteren Menschen.

218 OLD TOUCH

Upplandsgatan 43
Vasastan ⑦
+46 (0)8 34 90 05
oldtouch.se

Rund um den Odenplan in Vasastan hat sich eine Reihe von Secondhandläden angesiedelt. Old Touch ist einer von ihnen. Die Besitzerin, Birgitta Gardner, zeichnet eine echte Leidenschaft für alte Dinge aus. Wer hier sorgfältig stöbert, findet Perlen wie Vintage-Partykleider, schimmernde Pumps, Spitzenschleier und ausladende Hüte.

219 SECOND SUNRISE

Katarina Bangata 69
Södermalm ⑤
+46 (0)8 643 39 15
secondsunrise.se

Vier von fünf Secondhandläden, die diese Kategorie empfiehlt, verteilen sich über den Bezirk Södermalm. In der geschäftigen Katarina Bangata verkauft Second Sunrise Vintagestücke, die die Besitzer mit »Amerikanische Arbeitskleidung, durch japanische Einflüsse geprägt« umschreiben. Hier können Sie hochwertige Jeans, Jacken, Schuhe und Accessoires erwerben, die umso besser aussehen, je öfter Sie sie tragen.

220 SIV & ÅKE

Sankt Paulsgatan 20
Södermalm ⑤
+46 (0)76 244 40 06
sivake.se

Im Jahr 2015 eröffneten die Geschwister Anni und Joel Jönsson Siv & Åke. Der Laden steckt voller Retro-Kleidung aus verschiedenen Epochen, die sie aus der ganzen Welt beziehen. »Wer sind Siv und Åke?«, fragt man sich. Die Großeltern der Besitzer, die sowohl deren positive Ausstrahlung als auch die Shopgründung inspiriert haben.

5 *interessante*
PLATTENLÄDEN

---

221 **NOSTALGIPALATSET**
Sankt Eriksgatan 101
Vasastan ⑦
+46 (0)8 34 00 61
nostalgipalatset.com

Nostalgipalatset ist in einem Keller in der Sankt Eriksgatan untergebracht. Seine umfangreiche Auswahl an Schallplatten ist in Kisten gestapelt, außerdem werden auch Filmplakate und andere Erinnerungs- und Sammlerstücke verkauft. Top: Im Laden gibt es einen Plattenspieler.

222 **BENGANS**
Drottninggatan 20
Norrmalm ①
+46 (0)8 723 15 46
bengans.se

Mitte der 1970er-Jahre in Göteborg eröffnet, machte sich Bengans durch die niedrigen Preise und Besuche internationaler Musiker schnell einen Namen. Seit 2006 gibt es auch ein Geschäft in der Hauptstadt. Zum Sortiment gehört eine große Auswahl an CDs von Mainstream-Künstlern sowie spezielle Subgenres, Schallplatten und Filme.

223 **PLUGGED RECORDS**
Stora Nygatan 45
Gamla stan ③
+46 (0)8 31 91 15
plugged.se

Angefangen hat Plugged Records als Händler in den späten 1990er-Jahren, aber bis 2013 expandierte das Unternehmen und eröffnete einen Shop in Gamla stan. Es gibt dort sowohl Neuerscheinungen als auch Secondhandplatten, spezialisiert auf Jazz, Blues und Rock.

224 SNICKARS RECORDS

Hökens gata 11
Södermalm ⑤
+46 (0)8 643 13 44
snickarsrecords.com

Seit 1995 betreibt DJ Mika seinen Laden Snickars Records im schönen Mosebacke. Um ins Geschäft zu gelangen, muss man eine kleine Kunstgalerie durchqueren. Der Shop verkauft gebrauchte Schallplatten mit den Schwerpunkten House, Hip-Hop, Soul, Funk und Jazz. Bei Snickars finden regelmäßig Neuveröffentlichungen und Gigs statt.

225 PET SOUNDS RECORDS

Skånegatan 53
Södermalm ⑤
+46 (0)8 702 97 98
petsounds.se

Pet Sounds gilt unter Musikliebhabern als eine echte Institution. Fachleute stufen diesen erstaunlichen Plattenladen unter den Top Ten weltweit ein. Von den neuesten Hits bis hin zu seltenen Schallplatten gibt es hier nichts, was es nicht gibt. Tipp: Gleich nebenan befindet sich eine nette Bar.

225 PET SOUNDS RECORDS

5 Geschäfte für
VINTAGE-DESIGN

---

226 **DUSTY DECO**

Hornstulls strand 7
Södermalm ④
+46 (0)8 544 991 95
dustydeco.com

Träumen Sie auch davon, schöne Möbel und Unikate zu sammeln, die Sie auf Reisen gesehen haben? Genau das hat Edin Memic Kjellvertz vor einigen Jahren in die Tat umgesetzt. Als ihm schließlich in seiner eigenen Wohnung der Platz für all die italienischen Vintagelampen, abgenutzten Lederstühle und seltenen Designklassiker ausging, beschloss er, Dusty Deco zu eröffnen.

227 **MIMMI STAAF MÖBELMAKERI**

Vattenledningsvägen 57
Midsommarkransen ④
+46 (0)8 122 920 55
mimmistaaf.com

Die talentierte Polsterin Mimmi Staaf verfolgt eine Mission: Sie möchte ihre Leidenschaft für Vintagemöbel mit anderen Menschen teilen. Mimmi gestaltet alte Möbel neu und verkauft sie in ihrem Geschäft in Midsommarkransen. Einen kleinen Einblick in die zarten Kollektionen und die Veränderungen, zu denen Mimmi und ihr Team fähig sind, geben ihre Instagram-Postings.

228 BRANDSTATIONEN

Hornsgatan 64
Södermalm ⑤
+46 (0)8 658 30 10
herrjudit.se/brand
stationen

Brandstationen ist der Ort, an dem sich Menschen umsehen, die alte und schöne, stilvolle und trendige Dinge lieben: Möbel, Accessoires, Lampen, aber auch Pflanzen … Die Auswahl dort ist von Nostalgie geprägt. Treten Sie ein und entdecken Sie ungewöhnliche Objekte von Porzellantieren bis zu kitschigen Neonröhren!

229 MODERNITY

Sibyllegatan 6
Östermalm ②
+46 (0)8 20 80 25
modernity.se

Die Galerie Modernity in Östermalm hat sich auf die Sammlung und den Verkauf von seltenen und hochwertigen Antiquitäten der renommiertesten skandinavischen Designer des 20. Jahrhunderts spezialisiert. Fast wie in einem Museum stehen hier einzigartige Stücke von den namhaften Nachkriegsdesignern Finn Juhl, Arne Jacobsen und Alvar Aalto und anderen Seite an Seite.

230 SVENSKA ARMATURER

Svandammsvägen 8
Midsommarkransen ④
+46 (0)70 511 01 64
svenskaarmaturer.com

Wie ein Wunderland der alten Lampen erscheint Svenska Armaturer. Der Besitzer, Erik Heggestad, sammelt und verkauft Lampen, insbesondere mundgeblasene Exemplare aus dem »Glasreich« in der Provinz Småland, aber auch italienische Retrolampen. Aus den Originalformen klassischen Lichtdesigns werden hier neue Repliken entwickelt.

5 Geschäfte für
MODERNE
INNENEINRICHTUNG

---

231 ASPLUND
Sibyllegatan 31
Östermalm ②
+46 (0)8 662 52 84
asplund.org

Seit über 25 Jahren macht dieses Einrichtungshaus mit eigenen Kollektionen und einem feinen Sortiment das skandinavische Design berühmt. Dank seiner stilvollen Formensprache und der Zusammenarbeit mit einigen der größten Designer Schwedens sollten alle, die zeitgenössisches nordisches Design lieben, hier vorbeischauen.

232 SVENSKT TENN
Strandvägen 5
Östermalm ②
+46 (0)8 670 16 00
svenskttenn.se

Angesichts seiner Lage am prächtigen Uferboulevard und seiner trendigen Produktpalette kann Svenskt Tenn schwerlich als Geheimtipp gelten. Dies ist eher ein Ort, den Sie gesehen haben müssen, nicht sollten! Der Shop bietet einen eleganten Mix aus Josef Franks kühn gemusterten Stoffen und Möbeln sowie Objekten zeitgenössischer Designer. Tipp: Besuchen Sie die Teestube, die einen atemberaubenden Blick über die Bucht Nybroviken bietet!

233 NORDISKA GALLERIET 1912
Nybrogatan 11
Östermalm ②
+46 (0)8 442 83 60
nordiskagalleriet.se

Im Jahr 1912 eröffnete die Nordiska Galleriet in der Nybrogatan in einem langgestreckten neoromanischen Gebäude. Seitdem hat sich das Geschäft zu einem der führenden europäischen Shops für exklusives, zeitgemäßes Design entwickelt. Es bietet ein umfassendes Angebot an klassischen Möbeln sowie künftigen Designikonen, an Lampen, Accessoires und Geschenkartikeln.

234 DESIGNTORGET
Sergelgången 29
Norrmalm ①
+46 (0)8 21 91 50
designtorget.se

Designtorget macht seinem Namen alle Ehre und bietet ein Forum für neue und innovative Gestaltungskunst. Neben etablierten Marken behaupten sich die Produkte von relativ unbekannten Designern. Es gibt kleinere Möbel, Lampen, Zubehör, Bücher und Lautsprecher …
Der perfekte Shop für alle, die intelligente, praktische und schöne Dinge suchen.

235 PERSPECTIVE STUDIO
Sankt Eriksplan 15
Vasastan ⑦
+46 (0)70 729 79 56
perspectivestudio.se

In ihrer 2016 eröffneten Filiale am Sankt Eriksplan verkaufen die Perspective-Inhaber Robin Klang und Ejub Bicic eine Auswahl von Objekten, die handwerkliches Können und eine saubere Ästhetik auszeichnen. Das Geschäft hält eine schier unerschöpfliche Vielzahl schöner Waren vor: Parfums, Möbel, Beleuchtung, sogar Pflanzen in riesigen, einzigartigen chinesischen Töpfen.

5 ausgesuchte
ANTIQUARIATE

---

236 SÖDERBOKHANDELN HANSSON & BRUCE
Götgatan 37
Södermalm ⑤
+46 (0)8 640 54 32
soderbokhandeln.blogspot.se

Diese Buchhandlung zählt zu den ältesten Antiquariaten der Stadt. Die Bücher stapeln sich hier vom Boden bis zur Decke. Neben Genres wie Philosophie und Geschichte halten Hansson & Bruce eine große Auswahl an Belletristik vorrätig.

237 HEDENGRENS BOKHANDEL
Stureplan 4
Östermalm ①
+46 (0)8 611 51 28
hedengrens.se

Hedengrens schickt seine Kundschaft auf eine Reise durch die ganze Welt der Literatur. Seit 1897 werden in diesem gehobenen Geschäft Bücher verkauft. Es verfügt über eine ausgezeichnete Fremdsprachenabteilung und ein großes Sortiment englischer Titel.

238 ADLIBRIS MARKNAD
Regeringsgatan 55
Norrmalm ①
+46 (0)8 441 40 50
adlibris.com

Suchen Sie beliebte Bestseller in einer erschwinglichen Preisklasse? Adlibris Marknad hat genau das, was Sie brauchen. Als größte Online-Buchhandlung verfügt Adlibris über einen umfangreichen Lagerbestand. Zudem kombiniert man in dem ersten Ladengeschäft der Kette niedrige Verkaufspreise mit einer persönlichen Beratung, Autogrammstunden von Autoren und einem netten Café.

239 **PAPERCUT**
Krukmakargatan 24-26
Södermalm ⑤
+46 (0)8 13 35 74
papercutshop.se

Bücher, internationale und schwedische Zeitschriften, Filme, Musik, Schreibwaren … Die umfangreiche Kollektion an Artikeln wird sorgfältig von den beiden Geschäftsinhabern Andreas Fryklund und Alexander Dahlberg ausgewählt, die vor der Eröffnung von Papercut im Jahr 2008 eine Buchhandlung und einen Zeitschriftenladen betrieben.

240 **RÖNNELLS ANTIKVARIAT**
Birger Jarlsgatan 32
Östermalm ①
+46 (0)8 545 015 60
ronnells.se

Skandinaviens größtes Antiquariat befindet sich hinter hohen Arkaden in einem Gebäude aus dem Jahr 1929. Der Laden verfügt über eine riesige Auswahl an Büchern und eine ausgezeichnete Abteilung für englischsprachige Literatur. Tipp: Verpassen Sie nicht die beliebten Veranstaltungen dort!

236 SÖDERBOKHANDELN HANSSON & BRUCE

5 *besondere*
BUCHLÄDEN

---

241 **KONST-IG**
Åsögatan 124
Södermalm ⑤
+46 (0)8 20 45 20
konstig.se

Diese unabhängige Buchhandlung wird von Charlotte Ekbom und Helene Boström geführt und gilt als Skandinaviens wichtigster Laden für Kunstliteratur. Konst-ig wurde 1994 eröffnet und verkauft eine große Auswahl an Büchern über Fotografie, Mode und Architektur bis hin zu Grafikdesign. Allein das Durchstöbern der Magazine, Notizbücher und Drucke auf den Tischen kann Stunden verschlingen!

242 **THE ENGLISH BOOKSHOP**
Södermannagatan 22
Södermalm ⑤
+46 (0)8 790 55 10
bookshop.se

Obwohl viele Buchhandlungen in Stockholm eine Abteilung mit englischen Titeln eingerichtet haben, ist dies der einzige Laden, der wirklich ein internationales Publikum bedient. Hier reichen die Genres von Biografien bis zu Jugendliteratur. Regelmäßig finden Gespräche mit Autoren zu aktuellen Themen statt – etwa zu Nordic Noir, der skandinavischen Kriminalliteratur.

243 GAMLA STANS BOKHANDEL

Stora Nygatan 7
Gamla stan ③
+46 (0)8 702 15 19
gamlastansbokhandel.se

Nur ein paar Schritte das Straßenpflaster hinauf finden Sie eine weitere Goldgrube für bibliophile Menschen: 2016 eröffnete der Volante-Verlag hier eine Buchhandlung. Sie führt erzählende Sachbücher und Klassiker, die die Welt weiser und lustiger machen.

244 BOKSLUKAREN

Mariatorget 2
Södermalm ⑤
+46 (0)8 644 21 06
bokslukaren.com

Eine Buchhandlung für junge Leser und ein großartiger Ort, um einem verregneten Samstag Sinn zu verleihen. Hören Sie sich Geschichten an, stöbern Sie in den Kinderbüchern und genießen Sie ein kleines Gebäck im Café! Kinder werden die Backwaren lieben, weil sämtliche Leckereien nach berühmten Charakteren benannt sind. Wie wäre es zum Beispiel mit einem Harry-Potter-Scone oder »Moominmammas Kuchen«?

245 COMICS HEAVEN

Stora Nygatan 23
Gamla stan ③
+46 (0)8 20 25 16
comicsheaven.se

Welcher Comic-Titel auch immer in Ihrer Sammlung fehlt, Comics Heaven hat ihn wahrscheinlich auf Lager. Hier verkauft man Comics auf Schwedisch und Englisch, Superhelden, Merchandise, Marvel, Manga, DC und schwedische Serien wie »91:an«. Es gibt auch eine Abteilung für Klassiker, mit Schwerpunkt ab den 1980er-Jahren.

5 sehr nützliche GESCHÄFTE

246 **BETONGGRUVAN**
Roslagsgatan 25
Vasastan ⑦
+46 (0)8 39 65 10
betonggruvan.se

Die Geschichte von Betonggruvan begann 2011, als Josefine Halfwordson ihre ersten Betontische gestaltete und verkaufte. Inzwischen hat sich das Sortiment enorm erweitert. Der gemeinsame Nenner aller Stücke ist die praktische Nutzbarkeit und ihre klassische Ästhetik – sie sollen mit zunehmendem Alter immer schöner werden.

247 **TAMBUR**
Folkungagatan 85
Södermalm ⑤
+46 (0)8 704 28 20
tamburstore.se

Tambur wird vom Designer Anders Widegren und dem Fotografen und Stylisten Sebastian Bergström geleitet. Der Name bedeutet »Flur«, und genauso wirkt der Eingangsbereich in den Laden, der eine schöne Auswahl an Haushaltswaren, Reinigungs- und Küchenutensilien feilbietet.

248 BYGGFABRIKEN

Högbergsgatan 29
Södermalm ⑤
+46 (0)8 640 25 75
byggfabriken.com

Scharniere, Schalter aus Bakelit, Retro-Emailgeschirr … Byggfabriken hat alles, was Heimwerker fürs Bauvorhaben brauchen. Auch wer gerade selbst nichts renoviert, hat Spaß in diesem Laden und geht sicher nicht mit leeren Händen wieder hinaus. Man findet immer eine schöne Seife oder ein interessantes Buch.

249 IRIS HANTVERK

Kungsgatan 55
Norrmalm ①
+46 (0)8 21 47 26
irishantverk.se

Nach einem Besuch bei Iris werden Sie nichts anderes mehr als diese handgefertigten schwedischen Bürsten verwenden wollen. Seit dem Jahr 1870 hat sich der kleine Hersteller auf die Herstellung verschiedener Bürsten spezialisiert. Neben dem eigenen Sortiment und diversen Küchentextilien warten auch Produkte zum Backen, Kochen, Reinigen und Dekorieren auf Käufer.

250 NORRGAVEL

Birger Jarlsgatan 27
Norrmalm ①
+46 (0)8 545 220 50
norrgavel.se

Das schwedische Unternehmen Norrgavel vertreibt umweltfreundliche Möbel und skandinavisches Geschirr, Textilien, Lampen, Teppiche und Haushaltswaren. Der heller Laden neben dem Humlegården ist in einem ehemaligen Theater untergebracht und hat mit der hohen Decke und den schönen Materialien viel von seinem Charakter behalten.

5 schöne Läden für
KÜNSTLERBEDARF UND PAPIER

---

251 **PEN STORE**
Hornsgatan 98
Södermalm ⑤
+46 (0)8 515 102 50
penstore.se

Textmarker, Pinsel und Gravierstifte sind nur einige der Produkte, die Pen Store bereithält. Besuchen Sie den minimalistischen Shop und werfen Sie einen Blick auf das legendäre Ballograf-Schreibtischset, das jahrzehntelang in Banken und Behörden zum Standard gehörte!

252 **KREATIMA**
Kungsgatan 58
Norrmalm ①
+46 (0)8 545 155 60
panduro.com

Egal, welches kreative Projekt seiner Umsetzung harrt, Kreatima hat wahrscheinlich die dazu nötigen Werkzeuge und Materialien. Hier finden Sie Kunstzubehör, aber auch Möbelfarben, Tapeten und Einrichtungsgegenstände. Durch seine zentrale Lage in der Stadt ist das Geschäft einfach zu erreichen.

253 KONSTNÄRERNAS CENTRALKÖP
Fiskargatan 1-A
Södermalm ⑤
+46 (0)8 643 42 03
konstnarernas.se

In einer der malerischsten Straßen Stockholms hat dieser Kunsthandel einen idealen Verkaufsplatz für seine Staffeleien, Leinwände, Pinsel und Farben gefunden. Konstnärernas Centralköp wurde 1962 von einer Künstlergruppe gegründet. Das strenge Weiß der Wände kontrastiert mit den Regalen voller bunter Tuben in einer Vielzahl von Nuancen.

254 STUDIO BARBARA BUNKE
Köpmansgatan 3
Gamla stan ③
+46 (0)8 676 03 83
studiobarbarabunke.se

Buchbinderei und Papierkunst ist eine seltene und kostbare Kunst. Barbara Bunke betreibt eines der wenigen verbliebenen Papiergeschäfte Stockholms. Barbara selbst arbeitet als Künstlerin, Designerin und Buchbinderin und berät auch ihre Kunden. In den Regalen lagern exklusives Papier, handgebundene Notizbücher, Stifte und schillernde Karten.

255 ANTALIS
Birger Jarlsgatan 23
Norrmalm ①
+46 (0)10 707 70 01
antalis.se

Antalis verfügt als Europas führender Anbieter von Feinpapieren über das umfangreichste und diversifizierteste Papiersortiment auf dem Markt. Sein Stockholmer Showroom befindet sich neben dem Stureplan. Obwohl die Marke auch international ein Schwergewicht ist, fühlt sich dieser Shop überraschend gemütlich an. Das Personal ist äußerst kompetent und berät Sie über Papiergewicht, Oberflächen und Farbnuancen.

25 BEMERKENSWERTE GEBÄUDE

---

5 EHRWÜRDIGE GEBÄUDE ———————— 146

5 markante ZEITGENÖSSISCHE BAUWERKE — 148

5 sehenswerte GEBÄUDE AUS DEM
20. JAHRHUNDERT ———————————— 150

5 AUSSERGEWÖHNLICHE KIRCHEN ———— 152

5 SCHLÖSSER in der Umgebung ——————— 154

5
EHRWÜRDIGE GEBÄUDE

---

256 **RIDDARHUSET**
Riddarhustorget 10
Gamla stan ③
+46 (0)8 723 39 90
riddarhuset.se

Das »Haus des Adels« wurde von dem in Frankreich geborenen Architekten Simon de la Vallée entworfen. Es gilt als eines der elegantesten Beispiele der Architektur des 17. Jahrhunderts in Nordeuropa. Die Wappen der schwedischen Aristokratie schmücken die Wände im Sitzungssaal des Ritterhauses. Besuchen Sie das Schloss werktags zur Mittagszeit oder buchen Sie eine Führung!

257 **NORDISKA MUSEET**
Djurgårdsvägen 6-16
Djurgården ⑥
+46 (0)8 519 547 70
nordiskamuseet.se

Das Nordische Museum ist der schwedischen Kulturgeschichte und Ethnografie von der frühen Neuzeit bis zur Gegenwart gewidmet. Hinter der Ziegel- und Granitfassade dieses prächtigen Gebäudes aus dem Jahr 1888 geht es darum, wie Skandinavier in der Vergangenheit gelebt und welche Einflüsse die zeitgenössische Kultur geprägt haben.

258 RIKSDAGSHUSET

Riksgatan 3
Gamla stan ③
+46 (0)20 349 000
riksdagen.se

Planen Sie für die Stunde nach Sonnenauf- bzw. vor Sonnenuntergang einen Spaziergang an Schwedens Parlamentsgebäude vorbei ein! Das neoklassizistische Gebäude mit seinen neobarocken Elementen zeichnet sich dann klar gegen den farbenprächtigen Himmel ab. In Riksdagen gibt es etwa 4000 Kunstwerke.

259 CENTRALPOSTEN

Mäster Samuelsgatan 70
Norrmalm ①

Im markanten Jugendstilgebäude in der geschäftigen Umgebung des Stockholmer Hauptbahnhofs war für genau 100 Jahre die Hauptpost untergebracht. Von Ferdinand Boberg, einem der produktivsten Architekten um die vorletzte Jahrhundertwende entworfen und 1903 eingeweiht, entzückt allein der reich verzierte Eingang mit Ranken und Girlanden. Heute befindet sich dort ein Amt der schwedischen Regierung.

260 KUNGSTORNEN

Kungsgatan 33
Norrmalm ①

Als die neoklassischen Königstürme Anfang der 1920er-Jahre entstanden, waren sie die ersten modernen Wolkenkratzer in Europa. Die Architekten Sven Wallander und Ivar Callmander ließen sich von amerikanischen Bauten inspirieren, insbesondere von der damaligen Architektur Manhattans. Auch wenn man das Innere nicht besichtigen kann, sind die Türme ein wahrer Blickfang in der Kungsgatan.

5 markante
ZEITGENÖSSISCHE BAUWERKE

---

261 AULA MEDICA
BEIM: KAROLINSKA INSTITUTET
Nobels väg 6
Solna ⑨

Gert Wingårdh ist der Architekt der Aula Medica, des neuen Hörsaalkomplexes vom Karolinska Institutet. Ein wichtiges Gestaltungsmerkmal ist die leicht geschwungene Fassade. Die Oberflächenschicht besteht aus verschiedenfarbigen dreieckigen Glaselementen.

262 ARKITEKTURSKOLAN
Osquars backe 9
Östermalm ②

Die neue Hochschule für Architektur wurde seit ihrer Fertigstellung im Jahr 2015 schon mehrfach ausgezeichnet. Die Baumeister Tham & Videgård gestalteten das ovale Gebäude mit Glas und tiefrotem Corten-Stahl in Anlehnung an die nahe gelegenen dunkelroten Backsteinhäuser auf dem KTH-Campus.

263 STOCKHOLM WATERFRONT
Nils Ericsons Plan 4
Norrmalm ①
stockholmwaterfront.com

Mutige zeitgenössische Architektur tendiert dazu, Emotionen zu wecken. Die meisten Stockholmer sind sich einig, dass White Arkitekter hervorragende Arbeit geleistet hat, als sie diesen energieeffizienten Komplex mit seiner asymmetrischen Edelstahlfassade schufen.

264 SVEN-HARRY'S KONSTMUSEUM

Eastmansvägen 10-12
Vasastan ⑦
+46 (0)8 511 600 60
sven-harrys.se

Wie ein Schatzkästchen wirkt das fünfstöckige Gebäude mit seiner vergoldeten Kupfer-Aluminium-Zink-Legierung. Der spektakuläre, quadratische Bau mit dem Spitznamen Guldhuset (zu deutsch »Das Goldene Haus«) beherbergt unter anderem eine Kunstgalerie, ein Museum und ein Restaurant. Es wurde von Gert Wingårdh und Anna Höglund von Wingårdh Architects entworfen.

265 STRÖMKAJENS FÄHRHAFEN

Strömkajen
Norrmalm ②

Als Marge Arkitekter den Zuschlag für den neuen Fährhafen am Strömkajen erhielten, mussten sie die zentrale Lage des Standorts und die Nähe zu markanten Sehenswürdigkeiten berücksichtigen. Sie schufen drei kegelförmige Gebäude in Form einer Skulptur, verkleidet mit der brünierten Messinglegierung Tombak.

264 SVEN-HARRY'S KONSTMUSEUM

5 sehenswerte
GEBÄUDE AUS DEM 20. JAHRHUNDERT

---

266 RATHAUS
Hantverkargatan 1
Kungsholmen ⑧
+46 (0)8 508 290 00
stockholm.se

Dies ist die wahrscheinlich berühmteste Silhouette Stockholms: Das Stockholmer Rathaus lohnt den Besuch! Der schöne Backsteinbau von Ragnar Östberg wurde 1923 fertiggestellt und ist eines der bedeutendsten architektonischen Beispiele der schwedischen Nationalromantik.

267 STADTBIBLIOTHEK
Sveavägen 73
Vasastan ⑦
+46 (0)8 508 311 00
bibliotek.stockholm.se

Die 1928 gegründete Stockholmer Stadtbibliothek gilt als eines der spektakulärsten Bauwerke der Hauptstadt. Das markante Äußere mit seiner zentralen Rotunde ist zu einem symbolträchtigen Wahrzeichen und einem großartigen Beispiel für einen Stil namens Swedish Grace geworden. Der Architekt Gunnar Asplund hat aber auch viel Mühe in den Innenraum investiert, also gehen Sie unbedingt hinein!

268 STOCKHOLM KONZERTSAAL

Hötorget 8
Norrmalm ①
+46 (0)8 506 677 88
konserthuset.se

Ein weiteres architektonisches Meisterwerk ist die Stockholmer Konzerthalle. Das 1926 errichtete neoklassizistische Gebäude wurde von Ivar Tengbom für das Königliche Philharmonische Orchester und die Verleihung des Nobelpreises entworfen. Es lohnt sich, an einer Führung teilzunehmen oder wenigstens kurz in die Foyers zu schauen, die normalerweise eine Stunde vor Konzertbeginn geöffnet sind

269 ERICSSON GLOBE

Globentorget 2
Johanneshov
+46 (0)77 131 00 00

Das größte kugelförmige Gebäude der Welt befindet sich im Süden der Stockholmer Innenstadt. Seit der Eröffnung 1989 haben eine Vielzahl von Sportveranstaltungen und Konzerten in der sphärischen Dreiviertelkugel stattgefunden, unter anderen auch der ESC. Ein Schrägaufzug fährt an der Außenseite hinauf zum »Pol« in 85 Metern Höhe.

270 KULTURHUSET STADSTEATERN

Sergels Torg
Norrmalm ①
+46 (0)8 506 202 00
kulturhuset stadsteatern.se

Ein Gebäude, das sich an alle Kunstformen anpassen kann – diesen Anspruch setzte der Nachkriegsarchitekt Peter Celsing in dem modernistischen Betonbau um, das mit seiner Glasfassade auf den berühmtesten öffentlichen Platz Stockholms blickt. Das Kulturhaus entstand im Jahr 1974, als das halbe Stadtzentrum im Rahmen einer Stadterneuerung abgerissen wurde.

5
AUSSERGEWÖHNLICHE KIRCHEN

---

271 **ENGELBREKTSKYRKAN**
Östermalmsgatan 20
Östermalm ②
+46 (0)8 406 98 00

Auf einem Hügel im Herzen des ruhigen Viertels Lärkstaden steht eine der größten Kirchen Stockholms. Von Lars Israel Wahlman entworfen und 1914 fertiggestellt, verbindet sie den schwedischen Jugendstil mit dem damals aufkommenden nationalromantischen Stil. Mit ihrem 32 Meter hohen Mittelschiff ist sie die höchste Kirche in Skandinavien.

272 **SANKT JOHANNES KYRKA**
Johannesgatan 21
Norrmalm ①
+46 (0)8 508 886 50

Ein gutes Beispiel für die Ausprägungen der Neogotik in Schweden liefert diese Kirche. Seit 1651 gibt es hier einen Friedhof, die heutige Kirche wurde erst rund 240 Jahre später fertiggestellt. Der Architekt Carl Möller gewann damals einen Wettbewerb mit seinen Plänen für eine kathedralenartige Ziegelkirche.

273 **RIDDARHOLMSKYRKAN**
Riddarholmen
Gamla stan ③
+46 (0)8 402 61 30

Die zwischen 1270 und 1300 erbaute Kirche von Riddarholmen existiert als einzige erhaltene mittelalterliche Abtei der Hauptstadt bis heute. Sie dient seit über 300 Jahren als Grabkirche der schwedischen Monarchen und des Adels.

274 **HEDVIG ELEONORA KYRKA**
Storgatan 2
Östermalm ②
+46 (0)8 545 675 70
hedvigeleonora.se

Neben dem Östermalmstorg befindet sich eine achteckige Barockkirche. Die Hedvig-Eleonara-Kirche von 1737 ist eines der beliebtesten Gotteshäuser für Hochzeiten, Taufen und Beerdigungen in Stockholm. Der ungewöhnliche Zentralbau ist auf jeden Fall einen Besuch wert.

275 **MARKUSKYRKAN**
Helsingborgsvägen 51
Johanneshov
+46 (0)8 505 815 00

Markuskyrkan bringt Architekturfans bis heute dazu, in die Stockholmer Vorstadt zu fahren. 1960 wurde die moderne Backsteinkirche inmitten eines Birkenhains nach den Ideen des Architekten Sigurd Lewerentz fertiggestellt. Das extrem funktionalistische Meisterwerk erhielt im Jahr 1962 den Sahlin-Preis als bestes Gebäude Schwedens.

274 HEDVIG ELEONORA KYRKA

5
SCHLÖSSER
in der Umgebung

---

276 KINA SLOTT/ CHINESISCHER PAVILLON

Drottningholm
+46 (0)8 402 62 80
kungahuset.se

Auf dem gleichen Gelände wie das Schloss Drottningholm, das zum UNESCO-Weltkulturerbe gehört, versteckt sich dieses Kleinod. 1753 überraschte König Adolf Fredrik Königin Lovisa Ulrika an ihrem Geburtstag mit dem märchenhaften chinesischen Pavillon. Heute kann man in den Sommermonaten seine einzigartige Rokoko-Inneneinrichtung mit Chinoiserien genießen.

277 ROSENDALS SLOTT

Rosendalsvägen 49
Djurgården ⑥
+46 (0)8 402 61 30
kungahuset.se

Schloss Rosendal in Djurgården entstand zwischen 1823 und 1827 als Zufluchtsstätte für König Karl XIV. Johan. Der erste Bernadotte flüchtete sich hierher vor dem lästigen Hofzeremoniell. Heute ist der pastellfarbene Palast ein einzigartiges Überbleibsel des europäischen Empirestils. Die schwedische Variante zeichnen die gleichen dekorativen Details, aber einfachere Formen und leuchtende Farben aus.

278 KARLBERGS SLOTT

Karlbergs slottsväg 1
Solna ⑧⑨
+46 (0)8 746 10 00
solna.se

Der neoklassizistische Palast liegt nur einen Steinwurf von der Stadt entfernt. Seit 1792 die Königliche Kriegsakademie einzog, ist das Gebäude eine militärische Institution geblieben. Der schöne Park ist für die Öffentlichkeit zugänglich. Das Schloss erreicht man über die Südseite des Karlbergskanals entweder von Kungsholmen oder von Vasastan aus.

279 SKOKLOSTERS SLOTT

Skokloster
+46 (0)8 402 30 60
skoklostersslott.se

Zwar liegt das Schloss Skokloster nicht gerade in der Nähe der Stadt, es lohnt aber dennoch die Anfahrt – allein wegen seiner faszinierenden Lage an einer Halbinsel im Mälaren. Eines der größten Barockschlösser der Welt zeugt als bedeutendes Denkmal von einer Zeit, in der Schweden eines der mächtigsten Länder Europas war.

280 ULRIKSDALS SLOTT

Slottsallén
Solna ⑨
+46 (0)8 402 61 30
ulriksdalsslott.se

Das Schloss Ulriksdal ist ein schönes Ausflugsziel. Der im Jahr 1645 erbaute Palast trägt die Spuren von vielen Epochen und unterschiedlichem Herrschergeschmack. Nehmen Sie an einer Führung teil, bewundern Sie die Skulpturen in der Orangerie von Hedvig Eleonora, schlendern Sie durch den Lustgarten der Königin Kristina oder besuchen Sie das Schlosstheater!

295 **KUNGSTRÄDGÅRDEN U-BAHNHOF**

55 ORTE ZUM ENTDECKEN IN STOCKHOLM

---

5 kostenlose **AUSSICHTSPUNKTE** *mit weitem Rundblick* —————— 158

5 **STATUEN** *zum Staunen* —————— 160

Die 5 schönsten **U-BAHNHÖFE** —————— 162

5 wunderbare **GRÜNFLÄCHEN** —————— 164

5 großartige **VIERTEL** —————— 166

Die 5 sehenswertesten **MÄRKTE** —————— 168

5 Orte, an denen Sie **NACH OBEN SCHAUEN** *sollten* 170

5 besondere **FRIEDHÖFE** —————— 172

5 Plätze, die mit **GRETA GARBO** *verbunden sind* —— 174

5 Orte aus **NORDISCHEN KRIMIS UND SERIEN** 176

5 wichtige **EREIGNISSE** *im Jahr* —————— 178

5 KOSTENLOSE AUSSICHTSPUNKTE
mit weitem Rundblick

---

281 **MONTELIUSVÄGEN**
Södermalm ⑤

Ein 500 Meter langer Wanderweg schlängelt sich hinauf auf den Gipfel des Mariaberget, mit Blick über den Mälaren, zum Rathaus und darüber hinaus. Die Straße ist nach dem Historiker und Archäologen Oscar Montelius benannt, der sein ganzes Leben lang in der Nähe lebte.

282 **OBSERVATORIELUNDEN**
Vasastan ⑦

Nur wenige Schritte von der pulsierenden Haupteinkaufsstraße entfernt, bietet Observatorielunden perfekte Schattenplätze für eine Konsumpause. Der Park und sein Observatorium aus dem 17. Jahrhundert liegen auf einem Hügel, mit einer tollen Aussicht über die Dächer von Vasastan und die Stadtbibliothek.

283 **SKINNARVIKSBERGET**
Södermalm ⑤

Die Einheimischen lieben Skinnarviksberget. Mit einer Höhe von 53 Metern über dem Meeresspiegel ist er der höchste natürliche Aussichtspunkt der Stadt. Der Untergrund ist felsig, deshalb empfehlen sich geeignete Schuhe. Kommen Sie bei Sonnenaufgang oder -untergang hierher, wenn sich der Himmel verfärbt!

284 VÄSTERBRON
Södermalm ④
Kungsholmen ⑧

Västerbron wurde 1935 als zweite Brücke zwischen dem südlichen und nördlichen Teil Stockholms eröffnet. Sie spielt in der schwedischen Kultur hier und da eine Rolle in Romanen, Liedern oder Musikvideos. Vor allem an Silvester stehen die Leute am Geländer und genießen den Blick über den Riddarfjärden und aufs Feuerwerk.

285 FJÄLLGATAN
Södermalm ⑤

Die malerische Fjällgatan säumen auf der einen Seite hübsche Holzhäuser aus dem 18. Jahrhundert, auf der anderen Seite lässt sie weit blicken über Djurgården, Skeppsholmen, die Altstadt und die Hafenbucht. Es gibt auf diesem Aussichtsbalkon mehrere Bänke und ein Café mit einer verglasten Veranda.

5 **STATUEN**
zum Staunen

---

286 JÄRNPOJKE
Trädgårdsgatan 2
Gamla stan ③

Bekannt als das kleinste öffentliche Denkmal Schwedens, beweist der »Eisenjunge«, der zum Mond aufblickt, dass Größe keine Rolle spielt. Die Skulptur ist nur 15 Zentimeter hoch und wurde 1967 hinter der Finnischen Kirche in der Altstadt aufgestellt.

287 MOLINS FONTÄN
Kungsträdgården
Norrmalm ①

Die Bronzeskulptur mitten im Königlichen Garten umgeben viele Weiden. Ursprünglich aus Gips hergestellt, war Molin Fontän erstmalig auf der Stockholmer Ausstellung 1866 zu sehen. Einige Jahre später wurde eine Bronzeversion gegossen. Den Brunnen schmücken Figuren aus der nordischen Mythologie.

288 DROTTNING KRISTINA
Hantverkargatan/
Ragnar Östbergs plan
Kungsholmen ⑧

Stockholm ist voll von Königen zu Pferd, ihre weiblichen Pendants dagegen sucht man im Straßenbild vergebens. Die einzige Ausnahme: Königin Christina ist als Statue verewigt. Ironischerweise lässt sich ihre Skulptur an der Fassade des Rathauses nur schwer entdecken und ist obendrein nackt.

289 **MARGARETHA KROOK**
Nybrogatan/
Strandvägen
Östermalm ②

An der Ecke des Königlichen Dramatischen Theaters steht seit 2002 die Bronzestatue von Margaretha Krook. Weil der Schauspielerin die Idee einer kalten Statue nicht gefiel, wird deren Bauch das ganze Jahr über auf 38 Grad erwärmt – er ist ganz blank gerieben. Hier stand die beliebte Aktrice oft, um in den Theaterpausen zu rauchen.

290 **HEMLÖS RÄV**
Drottninggatan/
Strömgatan
Norrmalm ①

Es ist schwer, den armen Fuchs nicht zu bemitleiden, der nahe der geschäftigen Drottninggatan sitzt, nur einen Steinwurf vom Machtzentrum des Landes entfernt. Der Fuchs ist Teil der Kunstserie *Rag and Bone* (»Lumpen und Knochen«) der britischen Bildhauerin Laura Ford, die Tiere in die problematische Situation von Obdachlosen versetzt.

290 HEMLÖS RÄV

Die 5 schönsten
U-BAHNHÖFE

---

291 **T-CENTRALEN**
Norrmalm ①
Alle Linien

Das Stockholmer U-Bahn-System gilt als »die längste Kunstausstellung der Welt«, mit über 90 Stationen, die mehr als 150 verschiedene Künstler gestaltet haben. Den Anfang machten die Wandreliefs an der Station T-Centralen 1957. Tipp: Nehmen Sie die blaue Linie und verfolgen Sie, wie sich blaue Ranken über weiße Höhlenwände winden.

292 **THORILDSPLAN**
Kungsholmen ⑧
Grüne Linie

Auch die neueste Kunst kommt in der U-Bahn zum Zuge. 2008 dekorierte Lars Arrhenius die Wände der Außenstation Thorildsplan in Kungsholmen mit Kacheln, die pixelige Symbole und Ikonen aus frühen Computerspielen zeigen. Er ist auch der Künstler, der die Kuckucksuhr-Animation im neuen Bahnhof von Stockholm City schuf.

293 ÖSTERMALMSTORG
Östermalm ②
Rote Linie

Ein Großteil der roten Linie entstand in den 1960er-Jahren, darunter auch Östermalmstorg. Die Künstlerin Siri Derkert kümmerte sich um die Umgestaltung der Betonwände hinter den Gleisen und Bahnsteigen. Für ihre Arbeiten zu den Themen Frauenrechte, Frieden und Umwelt setzte sie eine spezielle Sandstrahltechnik ein.

294 HÖTORGET
Norrmalm ①
Grüne Linie

Auf der grünen Linie wurde an der Station Hötorget die typische Gestaltung der 1950er-Jahre, die Schilder und die ikonischen hellblauen Fliesen, bewusst beibehalten. Seit 1998 beleuchten die weißen Neonröhren der schwedisch-dänischen Künstlerin Gun Gordillo die Bahnsteige.

295 KUNGSTRÄDGÅRDEN
Norrmalm ①
Blaue Linie

Diese Station der *Tunnelbana* erscheint als ein unterirdischer Park, der die Geschichte des Kungsträdgården vor fast 50 Jahren erzählt, als die einzigartige blaue Linie entstand. Höhlenartige Stationen wie diese gibt es nirgendwo sonst auf der Welt. Tipp: Nehmen Sie an einer kostenlosen Führung teil, um interessante Details zu entdecken und mehr über die Kunst im Stockholmer U-Bahn-Netz zu erfahren!

5 wunderbare
GRÜNFLÄCHEN

---

296 **BELLEVUEPARKEN**
Bellevuevägen 11
Stockholm-Nord ⑨

Viele Besucher tendieren dazu, direkt zum Hagaparken zu fahren – und versäumen so den schönen Bellevueparken am Südufer des Brunnsviken. Von seinem höchsten Punkt aus bietet sich ein Panoramablick über den See. Tipp: Besuchen Sie das fantastische Atelier-Museum des Bildhauers Carl Eldh in einem Holzhaus aus dem Jahr 1919.

297 **VITABERGSPARKEN**
Borgmästargatan/
Skånegatan
Södermalm ⑤

Der Vitabergsparken liegt im östlichen Teil von Södermalm. Der hügelige Park hat zwei Gipfel: auf dem einen steht die neoromanische Sofia Kyrka, auf dem anderen ein Musikpavillon. Im Sommer ist der Park ein beliebter Ort für Yoga-Kurse, Picknicks und Open-Air-Theater.

298 **TEGNÉRLUNDEN**
Tegnérgatan/
Upplandsgatan
Vasastan ⑦

Die laute Drottninggatan scheint weit entfernt zu sein von dem Wäldchen auf dem Hügel von Tegnérlunden. Der quadratische Park wurde bereits im späten 19. Jahrhundert angelegt und um 1940 neu begepflanzt.

299 **LILL-JANSKOGEN**
Valhallavägen/
Drottning Sofias Väg
Stockholm-Nord ⑨

Etwa 20 Minuten Fußweg vom belebten Stureplan entfernt, erstreckt sich der »Wald vom kleinen Jan«. Die Grünfläche im nördlichen Djurgården nutzen Jogger, Radfahrer und Wanderer für ihre Freizeitaktivitäten. Vom Stockholmer Olympiastadion als Ausgangspunkt kann man sich hier seinen Weg über die gewundenen Pfade bahnen.

300 **KRONOBERGSPARKEN**
Parkgatan/Inedalsgatan
Kungsholmen ⑧

Wer in Kungsholmen weilt, ist vielleicht froh darüber, dass auch hier zwischen den Wohnblöcken eine grüne Oase existiert. Ende des 19. Jahrhunderts auf einer Anhöhe gepflanzt, wird der Park bis heute geschätzt und vielfältig genutzt: Es gibt es einen Spielplatz, einen jüdischen Friedhof, Ballspielplätze und Kolonien wilder Kaninchen.

296 BELLEVUEPARKEN

5 großartige
VIERTEL

---

301 **BIRKASTAN**
Metro: St Eriksplan

Der westliche Teil der Stockholmer Innenstadt beherbergt viele Restaurants, Cafés, kleine Fachgeschäfte, Möbelrestauratoren und Plattenläden. Das Gebiet um den Sankt Eriksplan besteht hauptsächlich aus Arbeiterwohnungen, die im Stil des nordischen Klassizismus in den frühen 1900er-Jahren entstanden. Zum Sprengel gehört die Dalagatan, wo Astrid Lindgren bis zu ihrem Tod 2002 lebte.

302 **SOFO**
Metro: Medborgarplatsen

Der Name SoFo ist ein Wortspiel, das sich an die SoHo-Distrikte von London und Manhattan anlehnt. Die Stockholmer Version befindet sich in Södermalm und steht für »South of Folkungagatan«. Es gilt als eines der kreativsten und entspanntesten Viertel der Stadt mit vielen hippen Einzelhändlern und modernen Restaurants.

303 NORDWEST-KUNGSHOLMEN
Metro: Fridhemsplan

Manche meinen, es sei nur eine Frage der Zeit, bis diese Gegend Stockholms boomt. Immobilienentwickler verwandeln die ehemaligen Fabriken rund um die Alströmergatan in schicken Wohnraum und viele neue Restaurants öffnen. Kaufen Sie bei Sixten & Frans etwas zu trinken oder schnappen Sie sich einen Hotdog bei Dog Food, bevor Sie in Richtung des Kanals schlendern!

304 MIDSOMMARKRANSEN & TELEFONPLAN
Metro: Midsommarkransen ④

Kein anderer Vorort bietet so viele gute Einkaufsmöglichkeiten an einem Fleck. Das Viertel entstand im frühen 20. Jahrhundert, um die Arbeiter einer Ziegelfabrik und später auch die Angestellten des Telekommunikationsunternehmens Ericsson unterzubringen. Heute erweitert es das trendige Södermalm in Richtung Westen. Wer auf dem Laufenden über die neuesten Entwicklungen bleiben möchte, schaut unter »Kransenkartan« bei Instagram vorbei.

305 GAMLA ENSKEDE
Metro: Sandsborg

Die Straßenzüge dieses idyllischen Vororts im Süden der Stadt aus den frühen 1900er-Jahren wollen eine »typisch englische« Gartenstadt nachahmen. Spazieren Sie an den schönen Häuschen vorbei, essen Sie im hervorragenden, behaglichen Restaurant Matateljén zu Mittag oder begeben Sie sich in den Antiquitätenläden auf Schatzsuche!

Die 5 sehenswertesten
MÄRKTE

---

306 NOBELBERGET
Sickla industriväg 6
Sickla
+46 (0)72 191 92 93
nobelberget.se

Auf dem alten Fabrikgelände von Akzo Nobel zwischen Sickla und Hammarby Sjöstad hat sich ein einzigartiger Veranstaltungsort etabliert, an dem fortschrittliches Kulturleben stattfindet. An Markttagen füllt sich die 10 000 Quadratmeter große Fläche unter anderem mit Vintagekleidung, Imbisswagen und Kunst.

307 LOPPMARKNADEN VÅRBERG
Fjärdholmsgränd 4
Vårberg
+46 (0)8 710 00 60
loppmarknaden.se

Einer der ältesten und beliebtesten Märkte der Hauptstadt liegt 25 Autominuten südlich von Stockholm und hat täglich geöffnet. Freuen Sie sich auf ein breites Sortiment von Möbeln bis hin zu Glaswaren, Geschirr, Uhren und Kleidung zu Schnäppchenpreisen!

308 HORNSTULLS MARKNAD
Hornstulls strand 4
Södermalm ④
+46 (0)76 329 15 95
hornstullsmarknad.se

Jeden Sonntag von April bis September strömen die Stockholmer auf den Straßenmarkt am Seeufer von Årstaviken. Er bietet eine fröhliche Mischung aus Flohmarktbuden, Antiquitäten, Design und Kunst. Tipp: Kommen Sie mit leerem Magen, damit Sie sich durch das breite Angebot der Imbissstände probieren können!

309 BONDENS EGEN MARKNAD

Katarina Bangata
Södermalm ⑤
+46 (0)21 61 090
marknader.bondensegen.com

Stockholms beliebter Bauernmarkt findet jeden Samstag von August bis Oktober in Söder- und Östermalm statt, und an einigen Wochenenden im Herbst und Frühling sowie zu Weihnachten. Das herrliche Geschmacks- und Geruchserlebnis macht Lust darauf, sich mit vor Ort produziertem Bio-Gemüse, Käse, Honig, geräuchertem Fisch und Marmelade einzudecken.

310 SKANSENS MARKNADER

Djurgårdsslätten 49-51
Djurgården ⑥
+46 (0)8 442 80 00
skansen.se

Skansen ist der perfekte Ort, um die alte schwedische Markttradition zu entdecken. An Feiertagen wie Weihnachten und Ostern füllt sich der charmante Platz mit Kunsthandwerk, Leckereien und Schmuck. Die qualitativ hochwertigen Waren aus lokaler Produktion werden oft von Händlern in der Kleidung von anno dazumal verkauft.

308 HORNSTULLS MARKNAD

5 Orte, an denen Sie
NACH OBEN SCHAUEN
sollten

---

311 **BRUNO LILJEFORS' STUDIO**
BEIM: SPORT-PALATSET
Sankt Eriksbron
Vasastan ⑦

Richten Sie den Blick nach oben, wenn Sie über die Sankt Eriksbron in Richtung Kungsholmen laufen! Der Tiermaler Bruno Liljefors wohnte in der obersten Etage des Sportpalatset, direkt unter der Dachlaterne. Auf der Terrasse konnte man ihn in seinen letzten Lebensjahren neben Eimern voller Fische sehen, mit denen er Vögel – seine Bildmotive – anlockte.

312 **MILITÄRFLAGGE VON SCHWEDEN**
BEI: KASTELLHOLMEN
Stadsgården
Södermalm ⑤

Von Södermalms Ufer aus ist die Zitadelle auf der Insel Kastellholmen zu sehen. Auf dem runden Turm weht die Militärflagge von Schweden, die anzeigt, dass die Nation friedliche Zeiten durchlebt. Wenn der blau-gelbe Stoff im Wind flattert, kann Stockholm sicher sein, dass Schweden keinen Krieg führt.

313 **NEONREKLAMEN**
BEI: SCHLEUSE
Slussplan
Gamla stan ③

An mehreren Stellen in der Hauptstadt flackern noch Neonschilder über Geschäften, Cafés und Kinos aus dem letzten Jahrhundert. Kultstatus genießt das Stomatol-Werbezeichen von 1909, das die Skyline erhellt und zum Wahrzeichen oberhalb der Schleuse zwischen Ostsee und Mälaren geworden ist.

314 **HÖTORGSSKRAPORNA**
NAHE BEI: SERGELS TORG
Norrmalm ①

Die fünf 18-stöckigen Bürogebäude, die vom Sergels Torg aus zu sehen sind, beeindrucken uns heute vielleicht nicht mehr besonders, aber als sie Mitte des 20. Jahrhunderts errichtet wurden, staunten die Zeitgenossen. Im Zuge der großen Stadterneuerung symbolisierten die fünf Wolkenkratzer damals die Hoffnung, dass Stockholm Anschluss an die Moderne findet.

315 **ANKERPLATTEN**
Gamla stan ③

Echte *Eyecatcher* in der Altstadt sind die dekorativen Ankerplatten an vielen Häusern. Die eisernen Bögen, Schnörkel und Knoten dienten vom Mittelalter bis ins 19. Jahrhundert dazu, die Zugkräfte der Gebäude auszugleichen und die Balken zu sichern. Die Form der Anker gibt einen Hinweis auf das Alter der Gebäude.

5 besondere
FRIEDHÖFE

---

316 ADOLF FREDRIKS KYRKOGÅRD
Holländargatan 16
Norrmalm ①

Die Adolf-Friedrich-Kirche ist bekannt für ihre schönen Kunstwerke und die Gräber vieler prominenter Schweden auf dem Friedhof. Hier liegen die ehemaligen Ministerpräsidenten Hjalmar Branting und Olof Palme, der 1986 nur wenige Gehminuten entfernt ermordet wurde.

317 KATARINA KYRKOGÅRD
Högbergsgatan 13
Södermalm ⑤

Zwei Mal entstand die Katharinenkirche in Södermalm nach Bränden wieder neu, zuletzt erst in den 1990er-Jahren. Mehrere berühmte Schweden sind auf dem Friedhof rund um die Kirche begraben, zum Beispiel die Politikerin Anna Lindh. Zumeist liegen die Gräber entlang der Hauptschotterstraße.

318 NORRA BEGRAVNINGS-PLATSEN
Solna kyrkväg 171
Solna ⑨

Eines der größten Gräberfelder des Landes ist Norra Begravningsplatsen in Solna aus dem Jahr 1900. Mehrere Autoren, Politiker und Wissenschaftler haben hier ihre letzte Ruhestätte gefunden. Beim Schlendern über den Friedhof findet man die Namen vieler Nobelpreisträger, darunter Alfred Nobel.

319 SKOGSKYRKOGÅRDEN
Sockenvägen 392
Gamla Enskede

Der Waldfriedhof gilt als architektonisches Meisterwerk. Die Baumeister Gunnar Asplund und Sigurd Lewerentz entwarfen ihn 1915–1940. Die Kapellen, das Krematorium und die ruhige Landschaftsgestaltung spiegeln die Entwicklung vom nordischen Klassizismus zum Funktionalismus wider.

320 MOSAISKA BEGRAVNINGSPLATSEN ARONSBERG
Alströmergatan
Kungsholmen ⑧

Der Friedhof in Kungsholmen liegt so versteckt zwischen Wohnhäusern, dass Passanten und sogar manchmal die Einheimischen überrascht sind, ihn zu entdecken. Unter dem Namen Mosaic Aronsberg wurde die Grabstätte im Jahr 1776 gegründet – im Gedenken an Aaron Isaac, den ersten Juden, der sich in Schweden niederlassen durfte, ohne seinen Glauben aufgeben zu müssen.

319 SKOGSKYRKOGÅRDEN

5 Plätze, die mit
GRETA GARBO
verbunden sind

---

321 GARBOHUSET
Blekingegatan 32
Södermalm ⑤

Als die spätere Hollywood-Schauspielerin und -Diva Greta Lovisa Gustafsson Anfang des 20. Jahrhunderts in der Blekingegatan 32 in Södermalm aufwuchs, war das Viertel noch ein Revier der Arbeiterklasse. Das Gebäude wurde inzwischen abgerissen, dennoch verehren Fans das Haus, das heute dort steht, als Garbo-Haus.

322 GRETA GARBOS TORG
Katarina Bangata 41
Södermalm ⑤

Kurz nach Garbos Tod beschloss die Stadt Stockholm 1992, den Kopfsteinpflasterplatz an der Kreuzung von Katarina Bangata und Södermannagatan zu ihren Ehren umzubenennen. Bis zu ihrem 14. Lebensjahr ging sie auf die nahe gelegene Katarina-Södra-Schule.

323 DRAMATEN
Nybroplan
Östermalm ②

Im Alter von 17 Jahren wurde Greta 1922 als jüngste Schülerin ihrer Klasse in die Schauspielschule des Königlichen Theaters aufgenommen. Sie studierte dort, bis sie Rollen in Filmen erhielt und als Begleiterin des Regisseurs Mauritz Stiller nach Amerika reiste. Stiller gab ihr den Künstlernamen Garbo.

324 **PUB**
HEUTE: HOTEL HAYMARKET
Hötorget
Norrmalm ①

Noch nicht 15 Jahre alt, arbeitete Greta im Warenhaus PUB, wo sie Hüte verkaufte und als Modell im hauseigenen Werbekatalog präsentierte. In der Hutabteilung fiel Greta Gustafsson dem Regisseur Erik Petschler auf, der ihr eine Rolle in seinem Slapstikfilm »Peter der Vagabund« gab.

325 **FILMSTADEN**
Råsundavägen 150
Solna ⑨

Anfang des 20. Jahrhunderts war Filmstaden eines der modernsten Filmstudios Europas, in dem mehr als 400 Filme entstanden. Im Jahr 1924 spielte Greta Garbo eine Hauptrolle in der Verfilmung von Selma Lagerlöfs Roman »Gösta Berling« – ein Erfolg, der ihre Karriere in Gang setzte. Filmstaden ehrt »die Garbo« mit einer Statue.

5 Orte aus
NORDISCHEN KRIMIS UND SERIEN

---

326 STOCKHOLMS POLIZEIPRÄSIDIUM
Kungsholmsgatan 33-47
Kungsholmen ⑧

Stockholms zentrale Polizeistation in Kungsholmen fand im Laufe der Jahre in mehreren Kriminalromanen und Fernsehserien Erwähnung – am häufigsten vermutlich in Arne Dahls Serie über eine fiktive Gruppe schwedischer Kriminalbeamter, genannt die A-Gruppe.

327 SÖDERMALMS HÖHEN
Södermalm ⑤

Nach dem Erfolg von Stieg Larssons »Millennium«-Trilogie haben Krimifans begonnen, zu den Schauplätzen zu reisen. Wer in die Fußstapfen von Mikael Blomkvist und Lisbeth Salander treten will, muss die historischen Viertel um Bellmansgatan 1 und Fiskargatan 9 aufsuchen, in denen ihre »Wohnungen« liegen und mehrere Schlüsselszenen spielen.

328 STUREPLAN
Östermalm ②

Jens Lapidus' Thriller »Easy Money« erzählt die Geschichte eines Studenten, der ein Doppelleben führt, illegal Taxi fährt und sich mit Drogendealern einlässt, um seinen aufwendigen Lebensstil am Stureplan zu finanzieren.

329 **FRIHAMNEN PORT**
Östermalm

In einem Genre, in dem die Hauptfiguren oft Männer sind, war es 1998 befreiend, als Liza Marklund die Journalistin Annika Bengtzon als Protagonistin ihres ersten Kriminalromans einführte. Frihamnen Port dient im dritten Buch der Bestseller-Serie mit dem Titel »Paradies« als Tatort, an dem zwei Menschen auf den Docks sterben.

330 **BERGSUNDS STRAND**
Södermalm ④

In den 1960er- und 1970er-Jahren schrieben Maj Sjöwall und Per Wahlöö ihre Martin-Beck-Romane, die im Morddezernat der schwedischen Nationalpolizei spielen. Alle Bücher sind inzwischen verfilmt mit Becks Balkon als wiederkehrendem Motiv. Dieses Backsteingebäude finden Sie, wenn Sie in Hornstull am Bergsundsstrand entlanggehen.

327 SÖDERMALMS HÖHEN

5 wichtige
EREIGNISSE
im Jahr

---

331 STOCKHOLM DESIGN WEEK

stockholmdesignweek.com

Jeden Februar findet die Stockholm Design Week statt. Seit ihrer Gründung 2002 hat sie sich mit der Stockholm-Furniture-&-Light-Messe als Hauptveranstaltung zur wichtigsten Plattform für skandinavisches Design entwickelt. Insgesamt rund 100 Design-Events ziehen Profis, Markenvertreter, Nachwuchsdesigner und Begeisterte aus aller Welt an.

332 KULTURNATT STOCKHOLM

kulturnattstockholm.se

Seit 2010 hat die Stadt Stockholm ein parallel verlaufendes Programm kultureller Ereignisse entwickelt, das während einer Nacht im April der Öffentlichkeit zugänglich ist: Kunst, Tanz, Musik, Mode und Literatur … Dieses Ereignis bietet eine großartige Gelegenheit, in Stockholms Kulturleben hineinzuschnuppern.

333 MITTSOMMER

Das Mittsommerfest ist das wohl charakteristischste Fest in Schweden. Viele Stadtbewohner fahren in den Schärengarten oder aufs Land. Aber es gibt auch mehrere Feste zu diesem Anlass in Stockholm. Skansen, Sturehof, Mosebacketerrassen, Fjäderholmarna und Stallmästaregården stellen nur eine Auswahl an Anlaufstelllen dar, wo Sie mitfeiern können.

334 STOCKHOLM PRIDE
stockholmpride.org

Stockholms Pride-Festival hat sich seit seiner Premiere 1998 zum größten Fest der Homosexuellen Skandinaviens entwickelt. Überall in der Stadt finden Acts statt, die Hauptveranstaltungsorte bieten Musik, Shows, Workshops und Seminare. Die farbenfrohe Parade mitten im Sommer macht allen Spaß – egal, welche sexuelle Orientierung sie haben.

335 STOCKHOLM FILMFESTIVAL
stockholmfilmfestival.se

Das Filmfestival im November dauert vier Tage lang. Es zeigt Filme aus aller Welt und veranstaltet zusätzlich viele Events und Preisverleihungen für Profis der Filmbranche – eine großartige Gelegenheit, um hochwertige Filme in einigen der reizvollsten Kinos der Stadt zu sehen.

60 ORTE, UM KULTUR ZU GENIESSEN

Die 5 schönsten **KUNSTGALERIEN**	184
Die 5 besten Museen für **ZEITGENÖSSISCHE KUNST**	186
5 Orte für **KUNSTGENUSS IN DER VORSTADT**	188
5 tolle **MUSEEN MIT FREIEM EINTRITT**	191
5 AUSSERGEWÖHNLICHE MUSEEN	193
5 Geheimnisse in den **MEISTBESUCHTEN MUSEEN**	195

5 wunderbare Plätze, um **SICH EINEN FILM ANZUSCHAUEN** ———————————— 198

Die 5 schönsten **THEATER** ———————————— 200

5 tolle Orte für **LIVEMUSIK** ———————————— 202

Die 5 angesagtesten **MUSIKFESTIVALS** ———————————— 204

Die 5 besten **OUTDOOR-CLUBS** ———————————— 206

5 tolle Orte, **UM DIE NACHT DURCHZUTANZEN** ———————————— 208

Die 5 schönsten
KUNSTGALERIEN

---

336 **ANDRÉHN-SCHIPTJENKO**
Hudiksvallsgatan 8,
zweiter Stock
Vasastan ⑦
+46 (0)8 612 00 75
andrehn-schiptjenko.com

Seit ihrer Gründung 1991 hat sich die Galerie von Cilène Andréhn und Marina Schiptjenko zu einem der führenden Kunsthäuser Skandinaviens entwickelt. Sie befindet sich im zweiten Stock eines umgebauten Industriegebäudes, das sich zu einem Zentrum für zeitgenössische Kunst in Stockholm entwickelt hat.

337 **GALLERI MAGNUS KARLSSON**
Fredsgatan 12
Norrmalm ①
+46 (0)8 660 43 53
gallerimagnuskarlsson.com

Die Galleri Magnus Karlsson ist im Erdgeschoss der Königlich Schwedischen Akademie der Schönen Künste untergebracht. Seit ihrer Gründung 1990 in Västerås zeigt Magnus Karlsson die Arbeiten aufstrebender schwedischer Künstler und fördert sie international.

338 **GALERIE NORDENHAKE**
Hudiksvallsgatan 8
Vasastan ⑦
+46 (0)8 21 18 92
nordenhake.com

Wenn Sie Stockholms Kunststraße in Vasastan, dem sogenannten Gallerienviertel, besuchen, dann sollten Sie Station in der Galerie Nordenhake machen. 1976 in Malmö gegründet, zog sie 1986 nach Stockholm. Heute hat die Galerie mit Filiale in Berlin den Ruf als eine der führenden europäischen Kunstgalerien.

339 **LOYAL GALLERY**
Kammakargatan 68
Vasastan ⑦
+46 (0)8 680 77 11
loyalgallery.com

Etwas abseits der ausgetretenen Pfade im Stadtzentrum nimmt die Loyal Gallery eine kleine, intim wirkende Erdgeschossfläche ein. Amy Giunta und Martin Lilja vertreten mehrere spannende Künstler, die hauptsächlich in den USA leben.

340 **GALLERIE STEINSLAND BERLINER**
Bondegatan 70
Södermalm ⑤
+46 (0)72 232 31 02
steinslandberliner.com

Jeanette Steinsland und Jacob Kampp Berliner leiten seit dem Jahr 2008 die Galerie Steinsland Berliner (GSB) in Södermalm. Die Präsentation zieht ein junges und kunstbewusstes Publikum an und zeigt alle Kunstdisziplinen von der Performance bis zur Malerei. Hier begegnen Sie sowohl etablierten als auch aufstrebenden Künstlern.

340 GALLERIE STEINSLAND BERLINER

Die 5 besten Museen für
ZEITGENÖSSISCHE KUNST

---

341 MODERNA MUSEET
Exercisplan 4
Skeppsholmen ⑥
+46 (0)8 520 235 00
modernamuseet.se

Wer Interesse an Stockholms Sammlung an Bildern von Dalí, Picasso und Matisse hat, sollte sich nach Skeppsholmen ins Moderna Museet begeben. Das staatliche Museum sammelt und bewahrt das Wissen über die Kunst des 20. und 21. Jahrhunderts. Neben moderner klassischer und zeitgenössischer Kunst in der Dauerausstellung gibt es hier auch ein Restaurant und einen beliebten Designladen.

342 FOTOGRAFISKA
Stadsgårdshamnen 22
Södermalm ⑤
+46 (0)8 509 005 00
fotografiska.eu

Das Museum Fotografiska hat mehr zu bieten, als man denkt. Neben den fantastischen Präsentationen weltberühmter Fotografen können Sie sich auch die Zeit nehmen für Fotokurse, ein gutes Essen im Restaurant oder einen Drink an der Bar. Der Postershop verkauft weltberühmte Fotos, die man in Haushalten vieler Schweden finden kann.

343 SVEN-HARRY'S KONSTMUSEUM
Eastmansvägen 10
Vasastan ⑦
+46 (0)8 511 600 60
sven-harrys.se

Bei Sven-Harry's verdient nicht nur das goldene Äußere die Aufmerksamkeit des Betrachters, sondern auch die Ausstellungen auf mehr als 400 Quadratmetern und das eigentliche Highlight auf dem Dach: eine Nachbildung des ehemaligen Wohnhauses seines Gründers Sven Harry. Das Museum verfügt über eine der größten privaten Sammlungen nordischer Kunst in Schweden.

344 BONNIERS KONSTHALL
Torsgatan 19
Vasastan ⑦
+46 (0)8 736 42 48
bonnierskonsthall.se

Dieses Ausstellungshaus befindet sich nur wenige Häuserblocks vom Vasaparken entfernt. Das spektakuläre Gebäude mit seinen abgerundeten Ecken und der Glasfassade stammt von Johan Celsing Arkitektkontor. Seit der Eröffnung im Jahr 2006 hat Bonniers Konsthall sich den Ruf als führende unabhängige und gemeinnützige Institution für schwedische und internationale zeitgenössische Kunst erworben.

345 LILJEVALCHS KONSTHALL
Djurgårdsvägen 60
Djurgården ⑥
+46 (0)8 508 313 30
liljevalchs.se

Als Liljevalchs 1916 öffnete, war es das erste unabhängige Museum zeitgenössischer Kunst in Schweden. Es machte sich zur Aufgabe, Kunst der Öffentlichkeit zugänglich zu machen. Der Fachausschuss des Frühlingssalons ruft immer ein neues Kunstjahr aus und lässt mindestens vier große und aufwendige Kunst- und Designausstellungen folgen.

5 Orte für
KUNSTGENUSS
IN DER VORSTADT

---

346 **FÄRGFABRIKEN**
Lövholmsbrinken 1
Liljeholmen ④
+46 (0)8 645 07 07
fargfabriken.se

Ein Industriegebäude aus dem Jahr 1889 bildet den idealen Rahmen für diese Kunsthalle. Messen, Ausstellungen, Seminare, Konzerte und Workshops werden hinter der Ziegelfassade veranstaltet, in der sich auch ein »Labor der Gegenwart« befindet. Von hier aus hat man einen schönen Blick über das Wasser, das Liljeholmen von der kleinen Insel Reimersholme trennt.

347 **ARTIPELAG**
Artipelagsstigen 1
Gustavsberg
+46 (0)8 570 130 00
artipelag.se

Der Name »Artipelag« ist eine Kombination aus *Art* (Kunst), *Activities* (Aktivitäten) und *Archipelago* (Archipel). Dieser kulturelle Treffpunkt, der von Kiefern, Klippen und Brackwasser umgeben ist, ist auf jeden Fall einen Besuch wert. Erkunden Sie die Ausstellungen in der Kunstgalerie, bewundern Sie die Architektur des Gebäudes oder genießen Sie den herrlichen Ausblick von der Restaurantterrasse!

346 FÄRGFABRIKEN

347 ARTIPELAG

348 MARABOUPARKEN
Löfströmsvägen 8
Sundbyberg
+46 (0)8 29 45 90
marabouparken.se

Die Marabouparken-Kunstgalerie und der Skulpturenpark liegen im Vorort Sundbyberg. Zunächst diente das Gelände als Freizeitanlage für die Mitarbeiter der Schokoladenfabrik Marabou, doch seit dem Jahr 2005 werden der Park und das ehemalige Kakaolabor von einer Stiftung betrieben, die die Werke zeitgenössischer Künstler ausstellt.

349 MILLESGÅRDEN
Herserudsvägen 32
Lidingö
+46 (0)8 446 75 90
millesgarden.se

Viele der berühmtesten Skulpturen Stockholms stammen vom Künstler Carl Milles. Zusammen mit seiner Frau, der Malerin Olga Milles, kaufte er 1906 ein Haus auf einem Felsen hoch über dem Värtansund. Nach der Rückkehr der Milles aus den USA 1950 hat sich das Atelier in ein Museum verwandelt, das für seinen großen Skulpturengarten und seine Ausstellungen bekannt ist.

350 TENSTA KONSTHALL
Taxingegränd 10
Spånga
+46 (0)8 36 07 63
tenstakonsthall.se

Tensta Konsthall ist eine Institution, die sich auch der lokalen Gemeinschaft verpflichtet fühlt. Die Galerie befindet sich im Vorort Tensta und wurde 1998 auf Wunsch einer Bürgerinitiative gegründet. Das Kunsthaus arbeitet bis heute mit internationalen und schwedischen Künstlern zusammen, oft in Kooperation mit lokalen Organisationen.

5 tolle
MUSEEN MIT FREIEM EINTRITT

---

351 **ARKDES**
Exercisplan 4
Skeppsholmen ⑥
+46 (0)8 520 235 00
arkdes.se

Das schwedische Zentrum für Architektur und Design heißt heute ArkDes, früher war es bekannt als Museum für Architektur. Neben dem Moderna Museet gelegen, beherbergt ArkDes eine Dauerausstellung über Architektur in Schweden – perfekt, um das goldene Zeitalter der schwedischen Moderne in seinem Kontext zu verstehen. Darüber hinaus organisiert ArkDes auch wechselnde thematische Ausstellungen.

352 **LIVRUSTKAMMAREN**
Slottsbacken 3
Gamla stan ③
+46 (0)8 402 30 30
livrustkammaren.se

Das 1628 von König Gustav II. Adolf gegründete Königliche Zeughaus ist Schwedens ältestes Museum. Es befindet sich im Kellergeschoss des Königspalastes und zeigt die zeremoniellen Uniformen und Gewänder der schwedischen Monarchen. Sehen Sie sich die von Blut und Schlamm besudelten Uniformen an oder die schönen Kleider, die bei Krönungen, Hochzeiten und Beerdigungen getragen wurden!

353 **NATURHISTORISKA RIKSMUSEET**
Frescativägen 40
Stockholm-Nord ⑨
+46 (0)8 519 540 00
nrm.se

Wer mehr über Naturkunde, Biologie und Geologie erfahren möchte, ist in diesem majestätischen Gebäude von 1916 richtig. Hier kann man riesige Tierknochen, Fossilien und funkelnde Steine aus dem Erdkern bestaunen und ein IMAX-Kino namens Cosmonova besuchen, das größte Planetarium Schwedens.

354 **HALLWYLSKA MUSEET**
Hamngatan 4
Norrmalm ②
+46 (0)8 402 30 99
hallwylskamuseet.se

Das Hallwyl-Haus neben dem Berzelii-Park ist eine herrliche Zeitkapsel. Das Haus, das die schwedisch-schweizerische Adelsdynastie Hallwyl um 1900 bauen ließ, beherbergt die Kunst-, Antiquitäten- und Porzellansammlung der Familie. Erleben Sie die Modernität und den Luxus des Stockholm von einst in diesem geschmackvollen Palast!

355 **MEDELHAVSMUSEET**
Fredsgatan 2
Norrmalm ①
+46 (0)10 456 12 00
varldskulturmuseerna.com/medelhavsmuseet

Schwedens größtes archäologisches Museum für den Mittelmeerraum und den Nahen Osten befindet sich neben dem Gustav Adolfs Torg. Direkt im Zentrum von Stockholm kann man im Medelhavsmuseet in die Kultur, die Schönheit und Tradition von Ländern wie Griechenland, Ägypten und Zypern eintauchen. Tipp: Das Bagdad Café im ersten Stockwerk ist ein wahres Juwel.

5
AUSSERGEWÖHNLICHE MUSEEN

---

356 **STOCKHOLMS SPELMUSEUM**
Markvardsgatan 2
Vasastan ⑦
stockholmsspelmuseum.se

Das Museum für Videospiele bietet lustige Einsteigererfahrungen und Überraschungen für eine neue Generation von Spielern. Hier dreht sich alles um die Geschichte der Videospiele – von Pong, Pac-Man und Super Mario, die heute Kult sind, über Pokémon und Minecraft bis hin zur modernen Virtual-Reality-Revolution.

357 **SCENKONSTMUSEET**
Sibyllegatan 2
Östermalm ②
+46 (0)8 519 567 00
scenkonstmuseet.se

Das Museum der darstellenden Kunst öffnete 2017 im ältesten Industriegebäude Stockholms seine Tore und vereint seitdem das Musikmuseum, das Theatermuseum und das Puppenmuseum unter einem Dach. Erfahren Sie mehr über die Geschichte der darstellenden Künste. Probieren Sie unbedingt die interaktiven Module aus!

358 BERGRUMMET
Svensksundsvägen 5
Skeppsholmen ⑥
+46 (0)8 599 084 30
bergrummet.com

Spielzeugmuseen sind definitiv nicht nur für Kinder da, nostalgische Erwachsene finden sie oft sogar noch unterhaltsamer als der Nachwuchs. Wunderbar untergebracht ist Stockholms brandneues Spielzeugmuseum in den Skeppsholmen-Höhlen. Die Tidö-Sammlung umfasst 40 000 Unikate, darunter Puppen aus dem 17. Jahrhundert, Star-Wars-Kampfschiffe, Comics und ausgediente Karussellpferde.

359 SPRITMUSEUM
Djurgårdsvägen 38-40
Djurgården ⑥
+46 (0)8 121 313 03
spritmuseum.se

Die Schweden haben eine bittersüße Beziehung zum Alkohol. Sie lieben die gute Stimmung, die er erzeugen kann, sind sich aber seiner Nachteile bewusst. Die Ausstellungen im Spirituosenmuseum vermitteln mehr über die schwedische Trinkkultur und berühmte Tropfen. Nehmen Sie in der farbenfrohen »Absolut Art Collection« an Verkostungen teil und besuchen Sie das hervorragende Restaurant.

360 KAUTABAK- UND STREICHHOLZMUSEUM
BEI: GUBBHYLLAN, SKANSEN
Djurgårdsslätten 49-51
Djurgården ⑥
+46 (0)8 442 80 26
snusochtandsticks museum.se

Kautabak und Streichhölzer haben ihr eigenes Museum in Stockholm, es befindet sich im Gubbhyllan-Gebäude in Skansen. Bereits seit 1965 informiert es über die einzigartige Geschichte des Kautabaks in Schweden und über Streichhölzer aus kulturhistorischer Sicht.
Tipp: Der Museumsshop im Stil der 1890er-Jahre verkauft Retro-Schachteln!

5 Geheimnisse in den
MEISTBESUCHTEN MUSEEN

---

361 **BOHRERSPUR**
IM: VASAMUSEUM
Galärvarvsvägen 14
Djurgården ⑥
+46 (0)8 519 548 70
vasamuseet.se

Ironischerweise ist das interessanteste Detail am Kriegsschiff »Vasa« ein kleines Loch von nur einem Zentimeter Durchmesser. Die meisten Besucher dürften die Petitesse übersehen, die mit einem roten Ring auf dem Oberdeck gekennzeichnet ist. An dieser Stelle traf Anders Franzén das Schiff mit einer Bohrvorrichtung, als er 1956 das Wrack der »Vasa« entdeckte.

362 **ROSLINS DOPPELTES SELBSTPORTRAIT**
IM: NATIONALMUSEUM
Södra Blasieholmshamnen 2
Norrmalm ②
+46 (0)8 519 543 00
nationalmuseum.se

Viele Menschen verbinden das schwedische Nationalmuseum mit dem Gemälde »Die Dame mit dem Schleier« von Alexander Roslin, auf dem er seine Frau Marie-Suzanne Giroust porträtierte. Weniger bekannt ist ein anderes Werk, das das Ehepaar gemeinsam zeigt: Auf diesem Bild wird Marie-Suzanne als Künstlerin dargestellt, die 1767 ein Porträt von Henrik Wilhelm Peill malt.

363 KRONBERGS ATELIER
IM: FREILICHTMUSEUM SKANSEN
Djurgårdsslätten 49-51
Djurgården ⑥
+46 (0)8 442 80 00
skansen.se

Häufig wird angenommen, dass es im Freilichtmuseum und im Zoo Skansen nur um Tiere geht, doch die Gebäude sind oft genauso faszinierend – vor allem ein gelbes Haus aus dem Jahr 1912. Im Atelier des berühmten Malers Julius Kronberg entstand das Cover für das letzte Album »The Visitors« der Band ABBA.

364 MONUMENT TO THE LAST CIGARETTE
IM: MODERNA MUSEET
Exercisplan 4
Skeppsholmen ⑥
+46 (0)8 520 235 00
modernamuseet.se

Beim Besuch des Moderna Museet sollte auch der Skulpurenpark Beachtung finden. Erik Dietmans Betonskulptur greift die Monumentalität des Materials ironisch auf und lädt auch die Besucher zu einem kritischen Blick ein. Wer die Leiter des pompösen Denkmals hinaufsteigt, erlebt eine Überraschung!

365 BALKÅKRA-OBJEKT
IM: HISTORISKA MUSEET
Narvavägen 13-17
Östermalm ②
+46 (0)8 519 556 00
historiska.se

Einer der bemerkenswertesten archäologischen Schätze Schwedens ist das sogenannte Balkåkra-Objekt im Schwedischen Historischen Museum, bestehend aus einer Scheibe und einer Art Schale oder Trommel mit zehn Radkreuzen. Das mysteriöse Objekt zählt etwa 3500 Jahre – sein Gebrauch und Zweck sind bis heute unbekannt.

5 wunderbare Plätze, um
SICH EINEN FILM ANZUSCHAUEN

---

366 **BIO RIO**
Hornstulls strand 3
Södermalm ④
+46 (0)8 669 95 00
biorio.se

Das Rio ist eines der wenigen verbliebenen Kinos aus den 1940er-Jahren mit nur einer Leinwand in Stockholm. Hier wird eine große Auswahl an Filmen aus aller Welt gezeigt. Besonders beliebt sind die »Baby-Kinovorstellungen« für Filmliebhaber in Elternzeit und die Matineen.

367 **ZITA FOLKETS BIO**
Birger Jarlsgatan 37
Norrmalm ①
+46 (0)8 23 20 20
zita.se

Seit dem Jahr 1913 zeigt Stockholms ältestes Kino Arthouse-Filme (immer in Originalsprache), die in den großen Kinos kaum zu finden sind, sowie Kurzfilme, Dokumentationen, Stummfilme und Filmreihen, die sich bestimmten Ländern oder Regionen widmen.

368 **SOMMARBIO**
Rålambshovsparken
Kungsholmen ⑧
stockholmfilmfestival.se

Für einige Tage im August trifft man sich auf dem Rasen im Rålambshovsparken zu einer Filmnacht. Das Stockholm International Film Festival organisiert diese jährliche Veranstaltung, die sich viele Einheimische fest im Kalender vermerken. Bringen Sie eine Decke und ein Picknick mit und schauen Sie sich einige klassische Filme auf der Outdoor-Leinwand an!

367 ZITA FOLKETS BIO

369 **GRAND**
Sveavägen 45
Norrmalm ①
+46 (0)8 562 600 00
svenskabio.se

Anfang der 1930er-Jahre erhielt der Architekt Björn Hedvall (der sich selbst als Kinospezialist verstand) den Auftrag, diese ehemalige Kirche in ein Kino zu verwandeln. Heute hat das Theater vier Säle. Im Laufe der Jahre mehrmals renoviert, sind die mit Intarsien und mit Bildern von berühmten Filmstars verzierten Türen original erhalten geblieben.

370 **SKANDIA**
Drottninggatan 82
Norrmalm ①
sf.se

Architekturliebhaber sollten das Skandia auf jeden Fall auf ihre to-do-Liste setzen. Ursprünglich vom Architekten Gunnar Asplund im nordischen Klassizismus-Stil entworfen, gilt dieses Lichtspielhaus als das schönste von Stockholm. Bevor Sie sich auf die Leinwand konzentrieren, schauen Sie sich die kunstvollen Ornamente und die qualitativ hochwertige Handwerkskunst an!

369 **GRAND**

Die 5 schönsten
THEATER

---

371 ROYAL DRAMATIC THEATRE
Nybroplan
Östermalm ②
+46 (0)8 667 06 80
dramaten.se

Die erste Garde von Schwedens Schauspieltalenten gibt sich die Ehre in dem schönen, goldenen Gebäude, das die Einheimischen schlicht Dramaten nennen. Hier begannen die Karrieren von Stars wie Ingrid Bergman und Greta Garbo. Der Regisseur Ingmar Bergman betrachtete das Kungliga Dramatiska Teatern gar als seine zweite Heimat.

372 OSCARSTEATERN
Kungsgatan 63
Norrmalm ①
+46 (0)8 20 50 00
oscarsteatern.se

Stockholms bekanntestes Musiktheater befindet sich hinter einer majestätischen Jugendstilfassade an der Kungsgatan. Das Oscar-Theater wurde 1906 erbaut und hat sich im Laufe der Jahre viel Glanz und Glamour gesehen. Etliche seiner Produktionen lehnen sich an englischsprachige Musicals an, sodass auch ein ausländisches Publikum Melodien vom Broadway und dem West End erkennt.

373 KULTURHUSET STADSTEATERN
Sergels Torg
Norrmalm ①
+46 (0)8 506 202 12
kulturhusetstadsteatern.se

Die öffentlich geförderte Einrichtung gilt als Schwedens beliebtestes Theater. Der Theaterflügel aus dem Jahr 1960 ist der größte seiner Art in Nordeuropa. Das Kulturhuset Stadsteatern bietet eine Vielzahl von kulturellen Veranstaltungen sowie populären Aufführungen, und das Programm sehr umfangreich. Buchen Sie Tickets lange im Voraus!

374 ORIONTEATERN
Katarina Bangata 77
Södermalm ⑤
+46 (0)8 643 88 80
orionteatern.se

Das Orionteatern in Södermalm, Schwedens größtes Avantgarde-Theater, zeigt seit 1983 experimentelle Projekte. In einer riesigen ehemaligen Werkstatthalle fordern und begeistern innovative Kulturerlebnisse die Besucher. Das Theater steht in engem Austausch mit Ensembles aus der ganzen Welt.

375 STRINDBERGS INTIMA TEATER
Barnhusgatan 20
Norrmalm ①
+46 (0)8 545 110 44
strindbergsintimateater.se

Schwedens berühmtester Dramatiker, August Strindberg, gründete und leitete ein eigenes Theater am Norra Bantorget. In den Jahren 1907–1910 brachte Strindberg vor einem kleinen Publikum von 150 Leuten insgesamt 25 seiner Werke zur Aufführung. Das Repertoire des Intima Teater orientiert sich bis heute am Autor Strindberg.

5 tolle Orte für
LIVEMUSIK

---

376 **FASCHING**
Kungsgatan 63
Norrmalm ①
+46 (0)8 20 00 66
fasching.se

Seit seiner Eröffnung 1977 hat sich das Fasching zur bekanntesten Jazzbühne Skandinaviens entwickelt. Neben den legendären Liveauftritten schwedischer und internationaler Jazztalente finden hier auch Nächte mit den Schwerpunkten Soul, Funk, Disco und Latino statt.

377 **OBAREN**
Stureplan 2
Östermalm ②
+46 (0)8 440 57 30
obaren.se

Obaren liegt hinter dem renommierten Restaurant Sturehof. Die kleine alternative Musikstätte und Bar ist bekannt für ihre spannende Mischung aus Livekonzerten und Clubnächten. Viele bekannte Bands haben hier bereits gespielt – und an den Mischpulten stehen regelmäßig exzellente DJs.

378 **DEBASER STRAND**
Hornstulls strand 4
Södermalm ④
+46 (0)8 658 63 50
debaser.se

Versteckt unter der Uferpromenade von Hornstull Strand findet sich Debaser Strand, eine beliebte Adresse für Konzerte Stockholmer Musikliebhaber. Mit einem vollgepackten Programm und einer abwechslungsreichen Besetzung ist dies der Ort, an dem fast kein Tag der Woche ohne Konzert oder Tanz vergeht.

379 **SÖDRA TEATERN**
Mosebacke torg 1-3
Södermalm ⑤
+46 (0)8 531 99 490
sodrateatern.com

Stockholms ältestes aktives Theater bietet eine Mischung aus Livemusik-Acts und Clubnächten auf vier Bühnen unterschiedlicher Größe. Auf der Hauptbühne, in schnörkeligem Gold und rotem Samt gehalten, finden Konzerte verschiedenster Genres statt.

380 **FÖRSTA PARKETT**
forstaparkett.se

Der Name *Första parkett* bezeichnet eher ein wiederkehrendes Ereignis als einen Veranstaltungsort. Die Idee hinter dem erfolgreichen Konzept: einen Treffpunkt für junge Erwachsene außerhalb der traditionellen Konzertsäle zu schaffen, wo sie klassische Musik erleben können. Die Musiker bringen die Kammermusik zurück in die Kammer und veranstalten Konzerte in privater Atmosphäre an angesagten Orten.

380 FÖRSTA PARKETT

Die 5 angesagtesten
MUSIKFESTIVALS

---

381 SUMMERBURST
summerburst.se

Avicii, Steve Angello, Axwell, Rebecca & Fiona … jedes Jahr treffen sich Schwedens beste Produzenten und DJs zum Summerburst. Im Juni, wenn es nie ganz dunkel wird, strömen Tausende Fans der elektronischen Musik aus ganz Skandinavien zum Open-Air-Event in Gärdet, um eine ganze Reihe von Weltklasse-Acts zu genießen.

382 STOCKHOLM MUSIC AND ARTS
stockholmmusicandarts.com

Ende Juli ist reserviert für das dreitägige Stockholm Music and Arts. Seit 2012 haben hier eine Vielzahl von Künstlern wie Patti Smith, Kraftwerk, Van Morrison und Yayoi Kusama auf der grünen Insel Skeppsholmen umjubelte Auftritte gefeiert. Das Festival zieht ein gemischtes Publikum an, das die Leidenschaft für Musik und Künste verbindet.

383 **POPAGANDA**
popaganda.se

Stockholms größtes Popmusikevent Popaganda findet jährlich im Spätsommer im Schwimmzentrum Eriksdalsbadet statt. Das Festival mit beeindruckender Gästeliste entwickelte sich 2002 aus einer Zusammenarbeit mit dem Studentenwerk der Universität Stockholm und gilt inzwischen als eines der etabliertesten Festivals des Landes.

384 **STHLM WORLD MUSIC FESTIVAL**
sthlmworldmusic.com

Im Sommer 2018 feierte das STHLM World Music Festival Premiere und konzentrierte sich dabei unter anderem auf moderne Weltmusik wie J-Pop, afrikanischen Hip-Hop und Axé. Diese Initiative möchte damit die Brandbeite der nordischen Kultur erweitern und zugleich ihre Vielfalt widerspiegeln.

385 **STOCKHOLM JAZZ FESTIVAL**
stockholmjazz.se

Jedes Jahr im Herbst zieht eines der ältesten Festivals Schwedens über einen Zeitraum von zehn Tagen Besucher an. Die Aufführungsorte reichen von kleineren Jazzbars bis zu den großen Konzertsälen der Stadt. Das Stockholm Jazz Festival wurde 1980 gegründet und gilt als eines der schönsten Musikevents Europas.

Die 5 besten
OUTDOOR-CLUBS

---

386 TRÄDGÅRDEN
Hammarby Slussväg 2
Södermalm ⑤
+46 (0)8 644 20 23
tradgarden.com

Es wäre eine Nachlässigkeit, über Stockholms Outdoor-Clubs zu schreiben und Trädgården nicht zu erwähnen: Er ist der *place to be* im Sommer! Unter der Skanstull-Brücke befinden sich mehrere Tanzflächen und Bars mit Liveacts, ein Freiluftkino, eine Boulebahn und ein Platz für verschiedene Aktivitäten.

387 BERNS TERRASSEN
Berzelii Park
Norrmalm ②
+46 (0)8 566 322 00
berns.se/terrassen

Seit Beginn des 20. Jahrhunderts ist Berns Hotel & Restaurant ein Dreh- und Angelpunkt der Stockholmer Kulturszene. Dies ist definitiv der richtige Ort, um in einer wahrhaft königlichen Umgebung zu feiern. Im Sommer hat die Terrasse mit Blick auf den Berzelii-Park und Nybroviken geöffnet.

388 F12
Fredsgatan 12
Norrmalm ①
terrassen.f12.se

Wer nachts an der großen Treppe des historischen Gebäudes der Königlich Schwedischen Kunstakademie vorbeigeht, wird Neonlichter, heftige Beats und eine Menschenmenge bemerken. Der dortige Terrassenclub ist ein reiner Sommertreffpunkt mit einem spektakulären Blick über die Altstadt und Riddarholmen.

389 SLAKTHUSET
Slakthusgatan 1
Johanneshov
slakthuset.nu

Im Jahr 2011 verwandelte sich ein alter Viehhof im Stockholmer Schlachterviertel in einen Nachtclub. Zwar konzentriert man sich auf elektronische Musik, es werden aber auch andere Genres zu bedient. In den warmen Monaten wird die 600 Quadratmeter große Dachterrasse zum Dancefloor.

390 VINTERTERRASSEN
BEI: TAK STOCKHOLM
Brunkebergstorg 4
Norrmalm ①
+46 (0)8 587 220 80
tak.se

Tak hat zwei Qualitäten: Es ist ein herrlicher Aussichtspunkt und ein Outdoor-Club in der kalten Jahreszeit. Heizungen und Decken halten die Gäste warm, wenn das Tanzen dazu nicht ausreicht. Die Tatsache, dass es kein Schutzdach, keine Gästeliste und keine langen Öffnungszeiten gibt, machen das »Dach« zu einem Publikumsmagneten im Winter.

5 tolle Orte,
UM DIE NACHT DURCHZUTANZEN

---

391 **LAIKA**
BEI: HORNSHUSET
Långholmsgatan 15-B
Södermalm ④
+46 (0)8 525 202 60
hornhuset.se/laika

Im ersten Stock von Hornhuset, mitten im In-Viertel Hornstull gelegen, ist Laika ein Club mit lockerer Atmosphäre, in dem peruanisches Streetfood auf Kunst trifft. Dazu gibt es Live-Auftritte und ein festliches Ambiente. Genießen Sie einen Drink, tanzen Sie zu House oder Techno oder lauschen Indie-Songs und Hip-Hop!

392 **STURECOMPAGNIET**
Sturegatan 4
Östermalm ②
+46 (0)8 545 076 70
sturecompagniet.se

Sturecompagniet ist einer der ältesten und legendärsten Nachtclubs Schwedens und in der Welt der Reichen und Schönen noch immer angesagt: Der Partypalast hat markante hohe Decken und eine glitzernde Inneneinrichtung aus dem 19. Jahrhundert sowie mehrere exklusive Club-in-Club-Locations, die sich über vier Räume auf zwei Etagen verteilen.

393 **MOON MOTEL**
IM: SOLIDARITET
Lästmakargatan 3
Norrmalm ①
+46 (0)8 00 00 00

Lassen Sie sich das Moon Motel nicht entgehen. Der kleine Nachtclub hat freitags bis sonntags bis fünf Uhr morgens geöffnet. Er befindet sich im Club Solidaritet und ist Gastgeber für internationale Gigs und Förderer einheimischer Talente. Moon Motel ist sehr beliebt: Rechnen Sie damit, anstehen zu müssen!

394 **UNDER BRON**
Hammarby Slussväg 2
Södermalm ⑤
+46 (0)8 644 20 23
underbron.com

Nein, die Welt geht nicht unter, wenn der beliebte Trädgården im September seine Pforten schließt. Im Herbst und Winter springt Under Bron, ein Indoor-Club am gleichen Standort, ein. Die Wände schmücken Werke verschiedener Künstler, die Musik ist elektronisch und die Stimmung gelassen. Getanzt wird hier bis fünf Uhr früh.

395 **NATTEN**
natten.eu

Natten ist kein permanenter Nachtclub, sondern ein Ereignis, das ab und zu stattfindet. Es erfreut sich großer Beliebtheit und kann am besten als Unterstufen-Disco für Erwachsene beschrieben werden. Powerballaden, Klammerblues, Lieder zum Mitsingen … Wie kann man einem solchen Platz nicht lieben? Endlich ein Ort, an dem man sich nicht schämen muss, eng und vergnügt zu tanzen!

30 ORTE, DIE KINDER LIEBEN WERDEN

Die 5 besten **SPIELPLÄTZE** —————————— 212

5 großartige **MUSEEN FÜR KINDER** ————— 214

5 abenteuerliche **AKTIVITÄTEN FÜR FAMILIEN** — 216

5 tolle **SPIELZEUGLÄDEN** ————————— 218

Die 5 süßesten **MODEGESCHÄFTE FÜR KINDER** ——————————————— 220

5 Treffpunkte für **TIERFREUNDE** —————— 222

Die 5 besten
SPIELPLÄTZE

---

396 **MULLE MECK-PARKEN**
Mönstringsvägen 9
Solna ⑨
+46 (0)70 229 05 95

Mulle Meck, auf Deutsch »Willy Werkel« genannt, ist ein schwedischer Kinderbuchcharakter mit eigenem Themenspielplatz in Solna. Neben allen Figuren aus der Welt von Mulle Meck gibt es auch eine Kinderbibliothek und die Konditorei Bagar-Birgit. Der aus Schrott gestaltete Spielplatz ist nur im Sommer geöffnet.

397 **ROSENDAL**
Rosendalsvägen 38
Djurgården ⑥

Rosendals Trädgård ist nicht nur wegen seines netten Cafés einen Besuch wert. Kinder können sich auf dem Spielplatz inmitten jahrhundertealter Eichen vergnügen oder mit einem Erwachsenen das Heckenlabyrinth erkunden.

398 **ANDERS FRANZÉNS PARK**
Båtklubbsgatan 2
Hammarby Sjöstad

Wenn Familien Lust auf eine Pause von der hektischen Stadt haben, stellt der Anders-Franzén-Park in Hammarby Sjöstad eine gute Option dar. Das Design der Spielplätze wurde von der ehemaligen Werft an dieser Stele inspiriert und ist nach Anders Franzén benannt, dem Amateur-Marinearchäologen, der das Wrack der »Vasa« entdeckte.

399 **BRYGGARTÄPPAN**
Bjurholmsgatan 1-A
Södermalm ⑤

Ein kleiner Bereich in der Nähe des Nytorget wurde in eine Miniaturversion von Södermalm verwandelt, wie es Per Anders Fogelström im Roman »Stadt meiner Träume« beschreibt. Kinder erfahren hier mehr über das frühere Arbeiterviertel, sie können mit alten Werkzeugen in der Schmiede hantieren oder in der Textilfabrik Verstecken spielen.

400 **KRISTINEBERGS SLOTTSPARK**
Nordenflychtsvägen 22-C
Kungsholmen ⑧

Der Spielplatz Uggleparken gilt seit der Fertigstellung 2013 als echte Bereicherung. Mit zwei riesigen eulenförmigen Rutschbahnen, Karussellpilzen und einem Labyrinth in Form eines Ameisenhaufens hat die dänische Architekturfirma Monstrum einen nachhaltigen Holzspielplatz für Kinder jeden Alters geschaffen.

400 KRISTINEBERGS SLOTTSPARK

5 *großartige*
MUSEEN
FÜR KINDER

---

401 TEKNISKA MUSEET
Museivägen 7
Gärdet
+46 (0)8 450 56 00
tekniskamuseet.se

Das Nationalmuseum für Naturwissenschaft und Technik in Gärdet ist ein großartiger Ort für neugierige kleine Forscher. Seine Ausstellungen geben Raum zum Erkunden und Entdecken, wie alles zusammenpasst. Den MegaMind-Bereich lieben besonders kleine Kinder. Besuchen Sie auch den mathematischen Outdoor-Spielplatz und das farbenprächtige Restaurant!

402 NORDISKA MUSEET
Djurgårdsvägen 6-16
Djurgården ⑥
+46 (0)8 519 547 00
nordiskamuseet.se

Schwedens größtes Museum für Kulturgeschichte weckt Interesse und Verständnis für die Menschen in den nordischen Regionen. Ein Besuch im Kinderspielhaus ist eine Geschichts- und Spielstunde, die Familien zurück ins 19. Jahrhundert versetzt. Sie werden überrascht sein, wie gern Ihre Kinder »Kühe melken« und im Laden Waren wiegen.

403 JUNIBACKEN

Galärvarvsvägen 8
Djurgården ⑥
+46 (0)8 587 230 00
junibacken.se

Der Schwerpunkt im Kulturzentrum liegt auf schwedischer Kinderliteratur, vor allem aber auf Astrid Lindgren. Der fantastische Bücherzug ist der Höhepunkt eines jeden Besuchs, aber auch die Schauräume für wechselnde Ausstellungen, die Villa Kunterbunt, das Kindertheater und Schwedens größte Buchhandlung begeistern Kinder. Eine wahre Fundgrube für junge Bücherwürmer!

404 POSTMUSEUM

Lilla Nygatan 6
Gamla stan ③
+46 (0)10 436 44 39
postmuseum.se

Das Versenden von Briefen und Postkarten fühlt sich im digitalen Zeitalter fast schon altmodisch an. In der Kleinen Post im Stockholmer Postmuseum lernen Kinder, wie Menschen vor der Erfindung des Smartphones kommuniziert haben. Hier können sie nicht nur eigene Postkarten anfertigen und abstempeln, sondern auch Briefe sortieren und zustellen.

405 RUM FÖR BARN
IM: KULTURHUSET STADSTEATERN

Sergels Torg 7
Norrmalm ①
+46 (0)8 506 202 73
*kulturhuset
stadsteatern.se*

Der »Raum für Kinder«, der sich im Stadtzentrum im vierten Stock des Kulturhuset befindet, empfiehlt sich als perfektes Spielziel für Familien. Die Bibliothek ist eine Oase, in der kleine und große Besucher Bücher lesen und gemeinsam Geschichten genießen können. Außerdem gibt es ein Kunstatelier für künftige Maler und Baumeister.

5 abenteuerliche
AKTIVITÄTEN FÜR FAMILIEN

---

406 TOM TITS EXPERIMENT
Storgatan 33
Södertälje
+46 (0)8 550 225 00
tomtit.se

Rund 40 Autominuten von Stockholm entfernt liegt Tom Tits in einer ehemaligen Fabrik. Hier dürfen sich Kinder, Jugendliche und Erwachsene an Experimenten in Technik, Physik, Mathematik, Geographie und Biologie versuchen. Ein toller Ausflug für alle, da nahezu sämtliche Experimente im Wissenschaftszentrum von jeder beliebigen Person, unabhängig vom Alter, durchgeführt werden können.

407 RIDDLE ROOM
Karlbergsvägen 54
Vasastan ⑦
+46 (0)70 433 25 10
riddleroom.se

Exitgames hat die Welt im Sturm erobert und Stockholm bildet da keine Ausnahme. Versteckt in Vasastan gelegen, suchen Familien im Riddle Room gemeinsam nach Hinweisen in Sherlocks Londoner Wohnung oder finden kreative Lösungen, um einen gestohlenen Kelch zu finden und nach Hogwarts zurückzubringen. Für Kinder ab 8 Jahren.

408 BOUNCE
Månskärsvägen 1
Kungens Kurva
+46 (0)20 10 34 00
bounceinc.se

Kleine Stockholmer hüpfen vor Freude, wenn ein Besuch im Bounce ansteht. Das 2012 in Melbourne gegründete Unternehmen macht Parkour für alle möglich. In Schwedens größter Adrenalin-Arena gibt es einen Trampolinpark, Völkerballplätze und einen Turnbereich. Selbst Kinder mit Energieüberschuss sind nach zwei Stunden im Bounce müde!

409 KLÄTTERCENTRET
Banvaktsvägen 20
Solna ⑨
+46 (0)8 730 00 93
klattercentret.se

Erklettern Ihre Kinder gern Wände? Dann gibt es einen geeigneten Platz, wo sie ihre Fähigkeiten unter Beweis stellen können. Das Klättercentret in Solna im Norden der Stadt verfügt über eine Kletterhalle für Kinder und Erwachsene – eine lustige und körperlich herausfordernde Aktivität für alle.

410 LIDA FRILUFTSGÅRD
Lidavägen 1
Tullinge
+46 (0)70 975 58 00
lida.nu

Im Erholungsgebiet Lida gibt es Spaß in vielen Diziplinen: im hohen Accropark-Seilgarten, auf dem Golfplatz, auf dem Märchenpfad im Wald oder beim Schwimmen am öffentlichen Strand. In den Wintermonaten bietet der Park Gelegenheit zum Rodeln, Eislaufen und Skifahren. Die Homepage informiert, wann im Lida Friluftsgård die Abenteuerevents stattfinden!

5 tolle SPIELZEUGLÄDEN

---

411 **LEKSAKSBORGEN**
Östermalmstorg 2
Östermalm ②
+46 (0)8 663 93 42
leksaksborgen.se

Am Östermalmstorg liegt einer der ältesten Spielzeugläden Stockholms. Er wurde 1953 eröffnet und ist noch heute eines der beliebtesten Geschäfte für Kinder jeden Alters. Insbesondere das jüngere Publikum wird die Plüschtiere, Puppen, Bau- und Bastelsets lieben.

412 **LA PETITE MAISON**
Odengatan 29
Vasastan ⑦
+46 (0)8 23 04 00
lapetitemaison.se

Hier gibt es viele schöne Dinge für kleine Leute. Neben Puzzles, Autos und Puppen spielt auch Zimmerschmuck in Form von kreativen Lampen, Wand- und Deckendekorationen eine Rolle. Auch wenn Sie hübsche Mobiles, Globen, Holzbuchstaben oder Luftballons suchen, sind Sie hier genau richtig!

413 **KRABAT**
Kungsgatan 60
Norrmalm ①
+46 (0)8 440 00 14
krabat.se

Krabat verkauft klassisches und solides Spielzeug, das ein Leben lang hält. Die Besitzer arbeiteten zuvor für die legendäre Spielzeugfirma Kalikå, die in den 1970er-Jahren die Kinderzimmer mit Velourspuppen bevölkerte. Im Jahr 1999 eröffneten sie den ersten eigenen Laden in Stockholm.

414 **ECOSTHLM**
BEI: GALLERIAN SKRAPAN
Götgatan 78
Södermalm ⑤
+46 (0)76 214 80 14
ecosthlm.se

Im Jahr 2011 gegründet, verfügt Therese Blomqvists EcoSTHLM heute über das größte Angebot an biologischen und ungiftigen Kinderprodukten der Stadt. Die Mission der Gründerin ist es, Artikel anzubieten, die Stil und Design vereinen und die Umwelt und die Gesundheit der Kinder schützen.

415 **KALEJDOSKOP**
Stora Nygatan 34
Gamla stan ③
+46 (0)8 20 03 50
kalejdoskop.me

Bei Kalejdoskop liegen Sammlerstücke wie Puppenspiele, Spieluhren, Puzzles und Lesezeichen neben neuen, von jungen Designern kreierten Unterhaltungsangeboten im Regal. Die Ladenbesitzerin Gunilla Hasselberg wählt sorgfältig charmante Produkte aus, die einzigartig, ein wenig retro, aber immer kreativ sind. Bei den meisten Büchern handelt es sich um Lieblingsstücke aus ihrer eigenen Kindheit und der ihrer Kinder.

415 KALEJDOSKOP

Die 5 süßesten
MODEGESCHÄFTE FÜR KINDER

---

416 **MINI RODINI**
Nytorgsgatan 36
Södermalm ⑤
+46 (0)8 641 77 88
minirodini.com

Bei der Eröffnung 2006 erregte Mini Rodini durch das humorvolle und ästhetische Design große Aufmerksamkeit, inzwischen gilt sie als eine der am schnellsten wachsenden Kinderbekleidungsmarken Skandinaviens. Im Flagshipstore in Södermalm gibt es die neuesten Kollektionen, unter anderem mit Tierprints und leuchtenden Farben.

417 **LIVLY**
Birger Jarlsgatan 9
Norrmalm ②
+46 (0)8 611 11 80
livlyclothing.com

Die exklusiven Entwürfe der Marke Livly, gefertigt aus reiner Pima-Baumwolle, in pudrigen Pastellfarben und mit schönen Details, sind fast zu schön zum dreckig machen. Im verträumten Flagshipstore in der Birger Jarlsgatan finden Sie eine große Auswahl an Kleidung und Accessoires vom Babysstrampler bis zur rosa Haarschleife.

418 **BETÓN**
Nytorgsgatan 23-B
Södermalm ⑤
+46 (0)70 036 38 16
betonstudios.com

Während ihrer Elternzeit begann Petra Gardefjord, Mokassins für ihr Kleinkind zu entwerfen und zu nähen. Sie gründete einen Onlineshop und eröffnete 2017 ihr erstes Ladengeschäft. Die Lederschühchen passen wunderbar zu den Strickjacken, Pumphosen, Mützen und Fäustlingen in gedämpften Farben, die sie ebenfalls in ihrem Laden verkauft.

419 **CLEO ET LILY**
Folkungagatan 86
Södermalm ⑤
cleoetlily.com

Der Mehrmarkenshop Cleo et Lily vertreibt Modelle, die von südeuropäischer Kindermode inspiriert sind. Wer Dessins in Pastelltönen und einfachen Mustern mag, sollte den Laden in der Folkungagatan aufsuchen. Die Besitzer wählen ihre Produkte sorgfältig aus und kaufen nur geringe Mengen, damit sich alles exklusiver anfühlt.

420 **LILLA ETC**
Odengatan 89
Vasastan ⑦
+46 (0)8 33 87 00
etcstores.se

Lilla ETC hält Kleidung und Schuhe vieler Marken für Kinder im Alter bis zehn Jahren bereit. Die Teile sind mit coolen Motiven bedruckt und aus organischen Stoffen hergestellt. Hier können Sie Artikel von Marken wie Bobo Choses, Soft Gallery und Civiliants kombinieren. Tipp: Extra süß sehen die winzigen Adidas-Trainingsanzüge aus.

5 Treffpunkte für
TIERFREUNDE

---

421 STORA SKUGGANS 4H-GÅRD
Stora Skuggans Väg 40
Stockholm-Nord ⑨
+46 (0)8 16 62 06
storaskuggans4hgard.se

Das globale Jugendnetzwerk 4H taucht an mehreren Orten in Stockholm auf – einer der meistbesuchten Höfe ist der 1984 gegründete Stora Skuggans. Dort lernen Kinder, sich zu engagieren und respektvoll mit den Ressourcen umzugehen. 4H steht für die vier menschlichen »Entwicklungszentren« Hirn, Herz, Hände und Gesundheit *(health)*.

422 FJÄRILSHUSET - HAGA OCEAN
Hagaparken
Solna ⑨
+46 (0)8 730 39 81
fjarilshuset.se

Das täglich geöffnete Schmetterlingshaus bietet mitten im Hagaparken das ganze Jahr über eine Fluchtmöglichkeit in die Tropen. Im dortigen »Regenwald« flattern mindestens 700 verschiedene Arten von Schmetterlingen frei umher. Haie und zahlreiche exotische Fische teilen sich ein 30 Meter langes Aquarium.

423 **HOVSTALLET/ KÖNIGLICHE STÄLLE**
Väpnargatan 1
Östermalm ②
+46 (0)8 402 61 06
hovstallet.se

Ohne Begleitung verirrt man sich wahrscheinlich nicht in die Königlichen Ställe. Sogar die Einheimischen gehen an dem historischen Gebäude meist einfach vorbei. Dabei gibt es Führungen auf Schwedisch und auf Englisch durch die Stallungen, in denen rund 20 Pferde für Festzüge und zum Ziehen von Kutschen ausgebildet werden.

424 **SKANSEN**
Djurgårdsslätten 49-51
Djurgården ⑥
+46 (0)8 442 82 00
skansen.se

Seit 1955 besteht der Kinderstreichelzoo Lill-Skansen und verschafft den kleinen Städtern die Möglichkeit, mit Hauskaninchen, Zwergziegen und Minischweinen zu kuscheln. Das älteste Freilandmuseum der Welt beherbergt auch einige für Schweden typische Arten wie Bären, Elche und Wölfe.

425 **ELFVIKS GÅRD**
Elfviks Uddväg 12
Lidingö
+46 (0)8 26 60 54
elfviksgard.nu

Kaum zu glauben: Elfviks Gård liegt nur 30 Minuten vom belebten Stureplan entfernt. Vom Bauernhof im nordöstlichen Teil von Lidingö aus reicht der Blick über die Bucht von Stockholm und über weite Wiesen. Hier tummeln sich Pferde, Schafe, Ziegen, Hühner, Kaninchen und Katzen. Der Hofladen verkauft Honig, Kerzen und Kunsthandwerk.

25 ORTE ZUM SCHLAFEN

---

5 ZAUBERHAFTE HOTELS ——————— 226

Die 5 schicksten DESIGNHOTELS ——————— 228

5 PREISWERTE *Unterkünfte* ——————— 230

5 UNGEWÖHNLICHE *Schlafgelegenheiten* ——— 232

5 *Hotels mit* FABELHAFTEM FRÜHSTÜCK ——— 234

5
ZAUBERHAFTE HOTELS

---

426 **ETT HEM**
Sköldungagatan 2
Östermalm ①
+46 (0)8 20 05 90
etthem.se

Ett Hem hat es geschafft, sich als luxuriösestes Hotel Stockholms zu etablieren. In wenigen Zimmern und Suiten, gestaltet von der britischen Designerin Ilse Crawford, bietet sein exklusives »inneres Heiligtum« einen persönlichen Service.

427 **HOTEL KUNGSTRÄDGÅRDEN**
Västra Trädgårdsgatan 11-B
Norrmalm ①
+46 (0)8 440 66 50
hotelkungstradgarden.se

Das King's Garden ist ein unabhängiges Familienhotel in einen Gebäude aus dem frühen 18. Jahrhundert. Die Zimmer sind eine schöne Mischung aus klassischer gustavianischer Architektur mit allen modernen Annehmlichkeiten. Setzen Sie sich ins Atrium und genießen Sie die Atmosphäre unter dem großen Glasdach!

428 **LYDMAR HOTEL**
Södra Blasieholmshamnen 2
Norrmalm ②
+46 (0)8 22 31 60
lydmar.com

Das Lydmar Hotel liegt perfekt platziert gegenüber dem Schloss. Das Hotel ist bekannt für seine Kunstausstellungen, die Livemusik und die gemütliche Atmosphäre. Die Einheimischen haben das Restaurant und sein stilvolles Interieur schnell liebgewonnen. Tipp: Genießen Sie die herrliche Aussicht vom Innenhof oder von der Terrasse aus!

429 **HOTEL DIPLOMAT**
Strandvägen 7-C
Östermalm ②
+46 (0)8 459 68 00
diplomathotel.com

Ein anmutiger Jugendstilpalast am Strandvägen beherbergt das Hotel Diplomat, das alle Vorzüge eines Fünf-Sterne-Hotels in sich vereint. Erwarten Sie einen erstklassigen Service und einen atemberaubenden Blick über die glitzernde Nybroviken-Bucht. Die 130 Zimmer und Suiten des Hotels sind im klassischen Stil mit leuchtenden Farben eingerichtet.

430 **NOBIS HOTEL**
Norrmalmstorg 2-4
Norrmalm ②
+46 (0)8 614 10 00
nobishotel.se

Eine goldgerahmte Bar, schön gestaltete Zimmer und Top-Adresse. Die Architekten von Claesson Koivisto Rune entwarfen das geschmackvolle Interieur dieses Gebäudes aus dem 19. Jahrhundert. Die Nähe zu den glamourösen Einkaufsstraßen der Stadt macht Nobis zum idealen Ausgangspunkt für Besichtigungen.

427 HOTEL KUNGSTRÄDGÅRDEN

Die 5 schicksten
DESIGNHOTELS

---

431 **MISS CLARA BY NOBIS**
Sveavägen 48
Norrmalm ①
+46 (0)8 440 67 00
missclarahotel.com

Dieses Boutiquehotel wurde nach Clara Strömberg benannt, die vor 100 Jahren Schulleiterin der Mädchenschule in diesem Gebäude war. Trotz der langen Geschichte herrscht hier eine junge, lebendige Atmosphäre vor. Der Architekt Gert Wingårdh hat die ursprünglichen Jugendstildetails mit zeitlosen Materialien in eine moderne Designsprache übersetzt.

432 **STORY HOTEL**
Riddargatan 6
Östermalm ②
+46 (0)8 545 039 40
storyhotels.com/
riddargatan

Seit 2009 ist Story ein cooler Treffpunkt für Einheimische und Besucher. Raue Industrie-Materialien wie Beton und Metall werden mit moderner Kunst kombiniert. Die warmen Rosatöne der Textilien mildern den harten Gesamteindruck.

433 **HAYMARKET BY SCANDIC**
Hötorget 13-15
Norrmalm ①
+46 (0)8 517 267 00
scandichotels.se

Im Jahr 2016 eröffnete Scandic sein erstes Vorzeigehotel im legendären Kaufhaus PUB. Greta Garbo hat dort einst als Hutverkäuferin gearbeitet – Gretas Cafe und das glamouröse Art-Deco-Design huldigen ihr. Dieses Hotel ist der Traum eines jeden Instagrammers.

434 **AT SIX**
Brunkebergstorg 6
Norrmalm ①
+46 (0)8 578 828 00
hotelatsix.com

435 **HOBO**
Brunkebergstorg 4
Norrmalm ①
+46 (0)8 578 827 00
hobo.se

Zeitgenössische Kunst, Design und Architektur. Das 2017 eröffnete, luxuriöse Hotel At Six sieht in dieser Mischung sein Alleinstellungsmerkmal. Die zehn Etagen wurden vom Londoner Universal Design Studio elegant ausgestattet und sind mit originellen Kunstwerken ausstaffiert.

Im Laufe der Zeit wandelte sich der Brunkebergstorg von einem Ort für die Café-Latte-Gesellschaft zu einem heruntergekommenen Platz. Jetzt geht es wieder bergauf, vor allem dank der neuen Hotels At Six und Hobo. Letzteres weist das hippe, urbane Design des Berliner Architekten Werner Aisslinger auf. Zudem haben der tadellose Service und die entspannte Atmosphäre zu seinem guten Ruf beigetragen.

434 **AT SIX**

5
PREISWERTE
Unterkünfte

---

436 **GENERATOR HOSTELS**
Torsgatan 10
Norrmalm ①
+46 (0)8 505 323 70
generatorhostels.com

Reisende, die ihr Budget keinesfalls für die Unterkunft sprengen möchten, aber trotzdem cooles Design schätzen, sollten sich die erste Niederlassung von Generator in Stockholm ansehen. Die schicke Jugendherberge nahe dem Hauptbahnhof bietet Schlafsäle und Privatzimmer.

437 **BO HOTEL**
Arenavägen 69
Johanneshov
+46 (0)8 121 357 30
bohotel.se

Das Bo Hotel befindet sich südlich des Stadtzentrums, in der Nähe des Globen. Hier gibt es für jeden die passende Unterkunft: Familien werden die farbenfrohen Superior-Zimmer mit den breiten Doppelbetten lieben, für flexible Kurzzeitgäste gibt es kleine »Schlafboxen«.

438 **SCANDIC NO. 53**
Kungsgatan 53
Norrmalm ①
+46 (0)8 517 365 00
scandichotels.se

Scandic No. 53 bietet eine erstklassige Lage für alle, die das Stadtzentrum zu Fuß erkunden möchten. Die 273 Zimmer in jeder Größe, von kleineren Einzelzimmern bis zur Suite, zeichnet das gleiche anspruchsvolle, minimalistische Design aus. Entspannen Sie sich nach einem erlebnisreichen Tag im Innenhof!

439 **HOTEL WITH URBAN DELI**
Sveavägen 44
Norrmalm ①
+46 (0)8 30 30 50
hotelwith.se

Dass das Hotel so ruhig ist, hat einen einfachen Grund: Keines der unterirdischen Zimmer hat Fenster, das moderne Interieur und die moderne Technik machen diesen Mangel weitgehend wett. Das Hotel gehört zu Urban Deli, dem beliebten Restaurant, Bar und Supermarkt im Obergeschoss. Von der Dachterrasse bietet sich ein herrlicher Ausblick über Stockholm.

440 **SECOND HOME APARTMENTS**
Guldgränd 5
Södermalm ⑤
+46 (0)8 641 40 64
secondhomeapartments.se

Wenn Sie planen, länger in Stockholm zu bleiben, könnte es günstiger sein, wenn Sie eine eigene Wohnung mieten. Direkt neben Slussen gelegen, stellt das Guldgränd Hotel 37 Apartments zur Verfügung: von intimen Studios bis hin zu geräumigen Suiten. Alle sind im hellen und typischen Scandi-Stil eingerichtet.

436 GENERATOR HOSTELS

5
UNGEWÖHNLICHE
Schlafgelegenheiten

---

441 **RYGERFJORD**
AM: SÖDER MÄLARSTRAND
Kajplats 13
Södermalm ⑤
+46 (0)8 84 08 30
rygerfjord.se

Warum im »Venedig des Nordens« nicht gleich auf dem Wasser schlafen? Das MS Rygerfjord Hotel & Hostel besteht aus drei Schiffen, die am Söder Mälarstrand vor Anker liegen. Insgesamt gibt es 90 Kabinen in verschiedenen Größen und Ausführungen. Die spektakulären Suiten mit eigener Terrasse und toller Aussicht sind eine Klasse für sich!

442 **POP HOUSE**
Djurgårdsvägen 68
Djurgården ⑥
+46 (0)8 502 541 40
pophouse.se

Das Pop House Hotel in Djurgården, unter dem gleichen Dach wie das ABBA-Museum, ist die perfekte Unterkunft für Musikliebhaber. Alle 49 Zimmer haben Panoramafenster und wurden vom Architekten Johan Celsing individuell gestaltet. Echte ABBA-Fans erkennen Themen aus den Alben und musikbezogene Details in den Dekorationen.

443 LÅNGHOLMEN HOTEL

Långholmsmuren 20
Södermalm ④
+46 (0)8 720 85 00
langholmen.com

Wollten Sie schon immer mal eine Nacht im Gefängnis verbringen? Das Långholmen Hotel bietet genau dieses fesselnde Erlebnis. Vom 18. Jahrhundert bis 1974 diente Långholmen als Gefängnisinsel der Stadt. Heute ist es eine beliebte grüne Schäre. Schlafen Sie in stilvollen Zellen und genießen Sie gute Speisen im Finkan Pub!

444 SVARTSÖ LOGI

Svartsö Alsviks
Udd 397
Skälvik
Svartsö
svartsologi.se

Svartsö Logi verbindet den Luxus einer Hotelunterkunft mit dem Abenteuer einer Übernachtung in der freien Natur. Im Sommer stehen drei möblierte Zelte mit kleinen Terrassen zur Verfügung, direkt vor den Liegestühlen erstreckt sich ein See. Buchen Sie lange im Voraus – das Luxuscamping ist äußerst begehrt!

445 THE WINERY HOTEL

Rosenborgsgatan 20
Solna
+46 (0)8 14 60 00
thewineryhotel.se

Das 2016 eröffnete The Winery ist Schwedens erstes städtisches Boutiquehotel mit Weingut. Das riesige Backsteingebäude liegt nur eine kurze Fahrt von der Stadt entfernt. Die Gründe fürs Bleiben: die hauseigene Weinproduktion und die schicken Hotelzimmer, die durch ihr industrielles, aber warmes Ambiente ansprechen. Die Dachterrasse ist der perfekte Ort, um dem Alltag zu entfliehen und ein ausgezeichnetes Glas Wein zu genießen.

5 Hotels mit
FABELHAFTEM FRÜHSTÜCK

---

446 HOTEL SKEPPSHOLMEN
Gröna gången 1
Skeppsholmen ⑥
+46 (0)8 407 23 00
hotelskeppsholmen.se

Das Hotel Skeppsholmen bietet einen Platz im Grünen für die erste Mahlzeit des Tages! Ursprünglich im späten 17. Jahrhundert erbaut, hat sich die Unterkunft längst zu einem modernen skandinavischen Hotel entwickelt. Das ausgezeichnete Restaurant tischt am Wochenende auch einen Brunch auf.

447 BERNS HOTEL
Berzelii Park
Norrmalm ②
+46 (0)8 566 322 00
berns.se

Dass das legendäre Berns Hotel aus dem Jahr 1863 stammt, wird in vielen Räumen deutlich, etwa im historischen Salon. Den Kontrast dazu bilden die modernen Hotelzimmer. An Wochenenden bietet das Berns einen Brunch im asiatischen Stil unter Kristallleuchtern. Auch das hausgemachte Gebäck lohnt die Kostprobe!

448 GRAND HÔTEL
Södra Blasieholms-hamnen 8
Norrmalm ②
+46 (0)8 679 35 00
grandhotel.se

Dieses luxuriöse Haus serviert ein erstklassiges Frühstücksbüfett. Lassen Sie sich einige der 124 Optionen auf der Veranda schmecken, darunter viele Bio- und hausgemachte Gerichte, und genießen Sie die herrliche Aussicht! Das Büfett hat ist auch für Laufkundschaft zu haben.

449 **HOTEL KUNG CARL**
Birger Jarlsgatan 21
Norrmalm ①
+46 (0)8 463 50 00
kungcarl.se

Die persönliche Note des Restaurants lässt sich schon an der Speisekarte ablesen. Das Kung Carl erweist sich als der perfekte Ort für Menschen, die ihr Frühstück vom klassischen, skandinavischen Büfett in einer authentischen Umgebung einnehmen wollen – in der »Bibliothek«, der »Orangerie« oder der »Küche«.

450 **STRAND HOTEL**
Nybrokajen 9
Norrmalm ②
+46 (0)8 506 640 44
radissonblu.com
thestrand.se

Die klassische Inneneinrichtung des Radisson Blu Strand Hotels wurde 2017 neu gestaltet. Das Restaurant The Strand galt seit seiner Gründung 1912 als beliebter Treffpunkt für Prominente. Hier kam der erste Brunch der Stadt auf die festlich gedeckten Tische. Besuchen Sie den Jazzbrunch am Wochenende mit Livemusik!

450 STRAND HOTEL

25 WOCHENEND-AKTIVITÄTEN

---

5 tolle Orte, um **SCHWIMMEN ZU GEHEN** —— 238

Die 5 besten **LAUFSTRECKEN** —————————— 240

5 fantastische **FAHRRADROUTEN** ————— 242

5 ABENTEUERLICHE AKTIVITÄTEN ——— 244

5 interessante **TAGESAUSFLÜGE** ——————— 246

5 tolle Orte, um
SCHWIMMEN ZU GEHEN

---

451 **CENTRALBADET**
Drottninggatan 88
Norrmalm ①
+46 (0)8 545 213 00
centralbadet.se

Entfliehen Sie dem Trubel der Drottninggatan in eine Oase der Entspannung: Centralbadet befindet sich in einem schönen und gut erhaltenen Jugendstilpalast von 1904. Hier kann man nicht nur eine Runde im Schwimmbecken drehen, es stehen auch verschiedene Heilbäder sowie Spa-Behandlungen zur Wahl.

452 **LÅNGHOLMEN**
Södermalm ④

Die idyllische Insel Långholmen bei Södermalm mit Blick auf den Riddarfjärden ist im Sommer ein beliebtes Ausflugsziel. An heißen Tagen wird der Strand ziemlich voll – er eignet sich einfach ideal für Familien mit Kindern. Es gibt auch die Möglichkeit, von den Klippen ins Wasser zu springen oder sich auf dem Steg zu sonnen.

453 **STUREBADET**

Grev Turegatan 7
Östermalm ②
+46 (0)8 545 015 00
sturebadet.se

Tauchen Sie in der wunderschönen Therme aus dem Jahr 1885 in die Vergangenheit ein: Auch Sturebadet ist ein Jugendstiljuwel, es wurde vom Architekten Hjalmar Molin erbaut. Das Schwimmbecken mit 29 Grad Wassertemperatur, die vielen Saunen, Fitnessgeräte und Spa-Behandlungen machen das Schwimmbad zum perfekten Ziel für alle, die sich Entspannung gönnen wollen.

454 **HORNSBERGS STRANDPARK**

Hornbergs strand 41
Stadshagen
Kungsholmen ⑧

Aus dem ehemaligen Industriegebiet im nordwestlichen Kungsholmen entstand das blühende Viertel Hornsberg. Es gibt dort drei lange Schwimmstege entlang der Uferpromenade zum Ulvsundasjön, die bei warmen Temperaturen zum Schwimmen einladen. Der Park verfügt auch über eine solarbetriebene Dusche.

455 **STORKYRKOBADET**

Svartmansgatan 20
Gamla stan ③
+46 (0)8 20 90 27
storkyrkobadet.se

Wer sich für die Architektur von Schwimmhallen begeistern kann, wird dieses Schmuckstück lieben. Storkyrkobadet, in einer der Kopfsteinpflasterstraßen der Altstadt gelegen, verbirgt sich in Kellern aus den 1750er-Jahren. Das heutige Bad entstand 1932. Das Becken im Gewölbe und die Porzellanwannen mit Duschkopf halten jene Zeit lebendig.

Die 5 besten
LAUFSTRECKEN

---

456 VASAPARKEN
Odengatan/Dalagatan
Vasastan ⑦

Der Vasaparken entstand Anfang des 20. Jahrhunderts zwischen den beiden Plätzen Odenplan und Sankt Eriksplan. Der Fußballplatz verwandelt sich im Winter in eine Eisbahn, ein Bewegungsparcours kam 2016 hinzu. Der Park selbst ist zwar nicht sehr groß, aber hügelig und ideal für Intervalltraining.

457 TANTOLUNDEN
Zinkens Väg
Södermalm ⑤

Einer der größten Parks der Stadt befindet sich im südöstlichen Teil von Södermalm. Tantolunden besteht seit der Wende zum 20. Jahrhundert. Manche Läufer absolvieren den Fitnessparcours, andere schließen ihr Training mit einer Abkühlung im See Årstaviken ab.

458 HAGAPARKEN
Annerovägen
Hagalund

Dieser von englischen Landschaftsgärten inspirierte Park beherbergt einige königliche Bauten und die sogenannten Kupferzelte. Jogger genießen die Natur und die historische Architektur beim Laufen um das Schloss Haga oder drehen eine lange Runde um den Brunnsviken.

459 **RÅLAMBSHOVSPARKEN**
Smedsuddsvägen/Rålambshovsleden
Kungsholmen ⑧

Die Laufstrecke rund um den Riddarfjärden schlängelt sich auf einer Strecke von etwa sieben Kilometern an der Altstadt Söder Mälarstrand vorbei, an Västerbron und Kungsholmen; meist geht es am glitzernden Wasser entlang. Der Rålambshovsparken mit seinem Bewegungsparcours zum Aufwärmen ist ein guter Ausgangspunkt.

460 **DJURGÅRDEN**
Djurgården ⑥

Über Djurgården erstreckte sich früher das Jagdgebiet des Königs. Jenseits des Wassers gelegen, in Blickweite des Schlosses, ist diese Insel im Osten von Stockholm ein Lieblingsplatz aller Stockholmer. Neben Museen und Cafés gibt es hier auch eine zehn Kilometer lange Laufroute entlang der Küste.

458 HAGAPARKEN

5 *fantastische*
FAHRRADROUTEN

---

461 VON ULRIKSDAL NACH DJURGÅRDEN

Am schnellsten lässt sich der nördliche und südliche Teil der Insel Djurgården wahrscheinlich mit dem Fahrrad erkunden. Starten Sie am Schloss Ulriksdal und radeln Sie nach Süden zum nordöstlichen Ufer des Brunnsviken. Vor dem Schwedischen Naturkundemuseum geht es nach links in Richtung Stockholm Royal Seaport. Fahren Sie dann durch das Viertel Gärdet, bis Sie schließlich Djurgårdsbrunn nach zwölf Kilometern erreichen!

462 VON STOCKHOLM NACH NYÄSHAMN

Eine anspruchsvollere Tour führt nach Nynäsleden: Zunächst geht es Richtung Süden bis nach Länna, dann weiter über die schöne Halbinsel Södertörn bis nach Nynäshamn. Auf der 90 Kilometer langen Strecke geht es durch eine vielfältige Natur, vorbei an alten Runen, schönen Badeseen und historischen Landschaften.

463 UM LIDINGÖ HERUM

Die Insel Lidingö im inneren Stockholmer Archipel ist bekannt für ihre Crosscountry-Laufveranstaltung, sie ist mit rund 60 000 Teilnehmern pro Jahr die größte der Welt. Wer die 30 Kilometer nicht zu Fuß bewältigen möchte, kann auch mit dem Fahrrad durch die atemberaubende Landschaft und das leicht hügelige Gelände fahren.

464 VON NORRMALM NACH DROTTNINGHOLM

Die Inseln im Mälaren sind kleine Welten für sich – mit alten Kirchen, prächtigen Schlössern, Hofläden und viel üppiger Natur. Vom Stadtzentrum aus liegt das Schloss Drottningholm etwa 13 Kilometer entfernt, wenn man den Weg über Kungsholmen wählt. Von dort aus lohnt der Abstecher nach Ekerö oder über einen gewundenen Weg bis nach Lovön.

465 UM DEN HELLASGÅRDEN

Die Fahrradstrecken rund um den Hellasgården im Nackareservatet südöstlich von Stockholm stehen bei Mountainbikern hoch im Kurs. Im Naturschutzgebiet wechseln Kiefern mit kleinen Seen und Felsvorsprüngen. Hier gibt es mehrere Wege. Die beiden beliebtesten sind die jeweils zehn Kilometer langen Blå Språet und Gröna Språet.

5
ABENTEUERLICHE AKTIVITÄTEN

---

466 **KAJAKKOMPANIET**
BEI: KRISTINEBERGS STRAND
Kungsholmen ⑧
+46 (0)8 22 48 18
kajakkompaniet.se

Die individuelle Stockholm-Erkundung vom Wasser aus funktioniert am besten in einem Einzel- oder Doppelkajak. Kajakkompaniet bietet Ausflüge rund um Kungsholmen oder Långholmen an. Es gibt geführte Touren oder die Möglichkeit, auf eigene Faust aufzubrechen.

467 **LUFTBALLONG**
Koltrastvägen 21
Sollentuna
+46 (0)8 92 02 02
ballong.se

Die Fahrt im Heißluftballon zeigt die Hauptstadt aus einer ungewohnten Perspektive – von oben lassen sich die vielen Inseln und ihre Brücken, die Größe des Stadtgebiets und die Schönheit der Umgebung wunderbar betrachten. Eine wetterabhängige Aktivität, die nur an wolkenlosen Abenden stattfindet!

468 **TAKVANDRING/ ROOFTOP TOUR**
Stora Gråmunkegränd 12-14
Gamla stan ③
+46 (0)8 22 30 05
takvandring.com

Eine weitere Gelegenheit, die schwedische Hauptstadt von oben anzuschauen, bietet eine Tour über die Dächer. Professionelle Guides erzählen interessante und unterhaltsame Geschichten über alles, was unter Ihnen liegt! Besonders spannend sind Themenführungen, beispielsweise zu Krimi-Tatorten.

469 **SUP**
Kungsholms strand 181
Kungsholmen ⑧
+46 (0)8 21 33 33
surfbussen.nu

Von Hawaii hat es das Stand-up-Paddling auch bis zum Karlbergssjön geschafft. Der Karlbergskanalen mit seinem ruhigen Wasser eignet sich perfekt für Ausflüge auf dem SUP-Board. Vom Kanal aus kann man sich in Richtung Rathaus bewegen und dabei Herz, Schultern und das Gleichgewichtsgefühl trainieren.

470 **RIB-BOAT**
Sjövillan 208
Skeppsholmen ⑥
+46 (0)8 500 332 21
oppethav.se

Auf Englisch heißen sie RIB-Boat *(rigid-hulled inflatable boats)*, auf Deusch Festrumpfschlauchboote – egal, Spaß macht es auf jeden Fall, mit einer Höchstgeschwindigkeit von 60 Knoten übers Wasser zu gleiten. In den wendigen und PS-starken Booten hat man das Gefühl, über die Wasseroberfläche zu fliegen.

470 RIB-BOAT

5 interessante
TAGESAUSFLÜGE

---

471 MARIEFRED
visitsormland.com

Mariefred liegt am Mälaren, etwa 50 Kilometer westlich von Stockholm. Die kleine Stadt entstand um das Schloss Gripsholm, das aus dem Jahr 1537 stammt. Ein Museum für Grafikdesign, Restaurants, Geschäfte und Cafés stellen die touristische Infrastruktur.

472 VÄRMDÖ
visitvarmdo.com

Zur riesigen Insel Värmdö im innersten Teil des Archipels lohnt ein Ausflug mit dem Auto, um gleich mehrere Ziele auf einmal zu erkunden – neben dem Kunstmuseum Artipelag, dem Delikatessenladen Värmdö Musteri und Gustavbergs Porzellanmanufaktur bietet sich auch ein Halt an den Seebadeplätzen an.

473 SIGTUNA
destinationsigtuna.se

Schwedens älteste Stadt liegt weniger als eine Stunde von Stockholm entfernt. Sigtuna, 980 gegründet, ist bekannt für seine faszinierende Geschichte, die Runensteine und alten Kirchenruinen. Im malerischen Stadtzentrum laden Cafés, Restaurants und kleine Geschäfte in charmanten Holzhäusern zum Bummeln ein.

474 **UPPSALA**
destinationuppsala.se

Obwohl Uppsala einer der größten Orte Schwedens ist, hat es sich seinen kleinstädtischen Charme bewahrt. Die Universitätsstadt bietet historisch interessante Sehenswürdigkeiten, eine schöne Landschaft und die Lebendigkeit einer Großstadt. Uppsala ist ein bequemes Tagesausflugsziel – die Zugfahrt von Stockholm dauert nur 40 Minuten.

475 **SANDHAMN**
destinationsandhamn.se

Die Insel im äußeren Stockholmer Schärengarten ist bei Seglern äußerst beliebt – von hier aus starten etliche Segelregatten. Im Sommer empfiehlt sich Sandhamn als ideales Ziel für einen Tag am Strand und einen Spaziergang durch die bezaubernden Kiesgassen oder entlang des Hafens.

472 ARTIPELAG AUF VÄRMDÖ

25 WEITERE INFORMATIONEN & WISSENSWERTE DINGE

---

5 *faszinierende* **BÜCHER ÜBER STOCKHOLM** — 250

5 **FILME**, *die in Stockholm gedreht wurden* —————— 252

5 **WICHTIGE DATEN** *der Stockholmer Geschichte*   254

5 *wissenswerte* **FAKTEN ÜBER STOCKHOLM** — 256

5 *wichtige* **WEBSITES UND APPS** ————————— 258

5 faszinierende
BÜCHER
über Stockholm

---

476 STADT MEINER TRÄUME
von Per Anders Fogelström, 1960

Die »Stadtromane« des Schriftstellers Per Anders Fogelström gelten als die klassischste Darstellung von Stockholm. Die Buchreihe beschreibt das Leben mehrerer Generationen zwischen 1860 und 1968. Im ersten Buch, »Stadt meiner Träume«, folgt die Erzählung einer Gruppe von Arbeitern durch Södermalm.

477 SCHWEDISCHE TRADITIONEN
von Jan-Öjvind Swahn, 2014

Egal, ob Sie sich für die Tradition interessieren oder lieber das neue, urbane Stockholm entdecken möchten, es macht Spaß, die Hintergründe der schwedischen Kultur zu verstehen. In diesem Buch erklärt der Autor und Forscher Jan-Öjvind Swahn alles zu Sitten und Gebräuchen: vom Froschtanz im Hochsommer bis zum Lucia-Festival im Dezember.

478 DOKUMENT STOCKHOLM
von Jeppe Wikström, 2008

Hinter dem schlichten Titel verbirgt sich das größte fotografische Dokumentationsprojekt der Stadt! Einige der mehr als 1000 Aufnahmen stammen aus der Frühzeit der Fotografie in den 1850er-Jahren. Dieses faszinierende, dicke Buch bietet ein einzigartiges Bild Stockholms und seiner Entwicklung im Laufe der Jahrzehnte.

479 BOX WITH FOUR SWEDISH CLASSICS
von Novellix

Einen unterhaltsamen Einblick in die schwedische Literatur gewähren diese englischsprachigen Kurzgeschichten im Taschenbuchformat. Sie stammen von den Autoren Astrid Lindgren, August Strindberg, Selma Lagerlöf und Stig Dagerman und bedienen jeden Geschmack. Tipp: Mit ihrem schön gestalteten Schuber eignen sie sich hervorragend als Geschenk.

480 SWEDEN: A CRIME FICTION WONDERLAND
von Anita Shenoi 2016

Viele Leser mögen sich schon gefragt haben, warum die schönsten Orte in Schweden und Stockholm zum Schauplatz für einige der faszinierendsten Kriminalromane der Gegenwart avanciert sind. Dieses Buch geht dem Phänomen auf den Grund und unterhält alle, die einfach nicht genug vom Genre Nordic Noir bekommen können.

5
FILME,
die in Stockholm gedreht wurden

481 **THE SQUARE**
2017

Ruben Östlunds satirisches Drama über den Kurator eines Stockholmer Museums für zeitgenössische Kunst ist ein ungewöhnliches Werk, das 2017 mit der Goldenen Palme von Cannes ausgezeichnet wurde. Der Odenplan, der Hauptbahnhof und der Außenhof des Königlichen Palastes spielen in diesem ausgezeichneten Film eine Schlüsselrolle.

482 **GENTLEMEN**
2014

Dem gleichnamigen Roman von Klas Östergren folgend, dreht sich der Film um einen jungen Schriftsteller und die extravaganten Morgan-Brüder im Stockholm der 1940er- und späten 1970er-Jahre. Hauptsächlich in Litauen gedreht, haben die Bühnenbildner eine fantastische Arbeit geleistet, indem sie die Hornsgatan und ihre Umgebung perfekt nachempfunden haben.

483 **STOCKHOLM STORIES**
2014

Unter der Regie von Karin Fahlén erzählt der Spielfilm »Stockholm Stories« aus dem Jahr 2014 von fünf Personen, deren Wege sich während einiger Regentage im November in Stockholm kreuzen. Viele der Schauplätze werden Sie wiedererkennen: von Eriks Gondolen, über Hötorgsskraporna und Millesgården bis zum Parlamentsgebäude.

484 **DIE ZEIT MIT MONIKA**
1953

Der Schärengarten liefert die Hintergrundkulisse des Schwarz-Weiß-Films von Ingmar Bergman: Zwei Jugendliche aus dem Arbeitermilieu beginnen eine leidenschaftliche Liebesaffäre und stehlen ein Boot, um den Sommer zusammen zu verbringen. Als der Herbst kommt, haben sich die Dinge anders entwickelt als geplant …

485 **WIR SIND DIE BESTEN**
2013

Lukas Moodyssons Musikfilm aus dem Jahr 2013 unternimmt eine nostalgische Reise in die Vergangenheit. Die witzige Geschichte über die Teenagerzeit folgt drei rebellischen Mädchen im Jahr 1982 durch Stockholm. Sie beschließen, gemeinsam eine Punkband zu gründen, obwohl ihnen alle Welt erzählt, diese Musikrichtung sei längst tot.

5
WICHTIGE DATEN
der Stockholmer Geschichte

---

486 **1252**

Die älteste erhaltene schriftliche Erwähnung Stockholms, ein Brief des Staatsmanns Birger Jarl an König Valdemar, datiert auf das Jahr 1252. Niemand weiß genau, woher der Name der Stadt stammt, aber einer Theorie zufolge beziehen sich die Wörter *stock* (»Baumstamm«) und *holm* (»kleine Insel«) auf die charakteristischen Brücken und Wasserwege.

487 **8.–10. NOVEMBER 1520**

Im 16. Jahrhundert drangen dänische Truppen unter dem Kommando von König Christian II. in Schweden ein. Die Reihe von Ereignissen im November 1520 werden als Stockholmer Blutbad bezeichnet. Knapp 100 Aristokraten wurden am Stortorget hingerichtet. Dem König bescherte das Massaker den Spitznamen »Christian, der Tyrann«.

488 6. JUNI 1523

Jedes Jahr am Nationalfeiertag fragt man sich: Was feiern wir heute eigentlich? Bemerkenswerterweise wissen nur wenige Schweden, dass dieses Datum den Tag im Jahr 1523 markiert, als Gustav Vasa Stockholm belagerte und eroberte. Damit endete die Kalmarer Union, und Schweden wurde zum freien Königreich.

489 16. MÄRZ 1792

Unter Gustav III. (1771–1792) erlebte Stockholm einen kulturellen Aufschwung. Dennoch war der König wenig beliebt, besonders bei den Adligen. In der Nacht vom 16. März 1792 fiel er bei einem Maskenball in der Königlichen Oper einem Attentat zum Opfer und starb zwei Wochen später.

490 16. MAI 1930

Die dritte Stockholmer Ausstellung, die am 16. Mai 1930 eröffnet wurde, markiert ein bedeutendes Ereignis in der Geschichte der schwedischen Architektur: Sie etablierte den Funktionalismus als dominierenden Baustil im Land. Die Ideen der Messe, schlichte, helle und zweckdienliche Häuser zu bauen, leben bis heute weiter.

5 *wissenswerte*
FAKTEN
ÜBER STOCKHOLM

---

491 **GELD**

Im Jahr 2017 erhielten alle Münzen und Banknoten ein neues Design, dabei führt Schweden den internationalen Wettlauf zu einer bargeldlosen Gesellschaft an. Viele der Parkuhren, Geschäfte, Cafés und sogar Touristenattraktionen akzeptieren nur Bankkarten oder die Zahlung per Handy.

492 **GUTE IDEEN**

Einige Dinge hat Stockholm anderen Städten voraus: Das frische Leitungswasser schmeckt tadellos. Die Hauptstadt ermöglicht an sehr vielen Stellen den Zugang zu kostenlosem WLAN. Außerdem fahren Erwachsene mit Kinderwagen in öffentlichen Bussen gratis.

493 **BITTE BEACHTEN**

Viele kleinere Restaurants schließen im Juli. Trinkgeld ist nicht obligatorisch. Schweden lieben es ordentlich, drängeln Sie sich niemals vor! Wer das tut, erntet wütende Blicke. Halten Sie immer Ausschau nach einen Wartemarkenspender, bevor Sie sich in eine Warteschlange einreihen!

494 ÖFFENTLICHER NAHVERKEHR

Stockholm eignet sich perfekt für eine Erkundung zu Fuß. Für weiter entfernte Ziele bieten die öffentlichen Verkehrsmittel eine effiziente Fortbewegungsmöglichkeit. Tickets gibt es am Kiosk, an Automaten in der U-Bahn, per SMS oder über die SL-App. Im Bus kann man keine Fahrkarten kaufen.

495 SPRACHE

Schwedisch ist eine »kleine« Sprache mit einem übersichtlichen Sprachraum. Deshalb, aber auch wegen des Bildungssystems und weil viele Schweden ein großes Interesse an englischen Medien haben, sprechen die meisten sehr gut Englisch. Trotz ihrer ausgezeichneten Sprachkenntnisse erscheinen die Schweden oft zurückhaltend, aber nett und hilfsbereit.

494 ÖFFENTLICHER NAHVERKEHR

5 wichtige
WEBSITES UND APPS

---

496 **THE LOCAL**
thelocal.se

Zwei Briten gründeten The Local im Jahr 2004, als sie nach Stockholm zogen. Der englischsprachige Website bietet eine unterhaltsame Mischung aus Tagesnachrichten, aktuellen Ereignissen, Wirtschaft und Feuilleton und macht das Tagesgeschehen in Schweden einem internationalen Publikum zugänglich.

497 **VISIT STOCKHOLM**
visitstockholm.com

Die Website Visit Stockholm ist ein unverzichtbarer Wegweiser durch die Hauptstadt. Sie umfasst einen ausführlichen Veranstaltungskalender und Tipps rund um das Thema WLAN. Kommen Sie beim Besucherzentrum im Kulturhuset am Sergelstorg vorbei, wenn Sie Fragen rund um Ihren Aufenthalt in Stockholm haben und gerne persönlich beraten werden wollen!

498 SL TRAVEL PLANNER
sl.se

Fahrten mit der U-Bahn, mit Zug, Straßenbahn oder Bus lassen sich unkompliziert über Tools auf der SL-Homepage oder in der App planen. Wählen Sie zwischen Abfahrten in Echtzeit, wenn Sie unterwegs sind, oder geben Sie Ihre gewünschte Abfahrts- oder Ankunftszeit an. Sowohl die Website als auch die App sind in englischer Sprache verfügbar.

499 ARTWORKS
artworksapp.com

In Stockholm gibt es eine große Auswahl an Museen und Kunstgalerien – trotzdem kann es manchmal schwer sein, sie zu finden. Die kostenlose Artworks-App ordnet dem jeweiligen Standort lokale Kunstorte und Straßenkunst zu und bietet Informationen über aktuelle und kommende Ausstellungen.

500 KEYFLOW
keyflow.com

Keyflow mit Sitz in Stockholm ist die perfekte App für alle, die sich in Stockholm ins Nachtleben stürzen wollen. Sie bietet den sofortigen Zugang zu Clubs und Events. Außerdem können Sie sich auf die Gästeliste setzen lassen oder Tickets für Clubs oder Veranstaltungen ergattern! Praktisch: Unter dem Stichwort »Find Events« findet man eine Übersicht aller Veranstaltungen.

REGISTER

& Other Stories	125	
20Hundra5	92	
A Day's March	123	
Acne Studios	107	
ADAM/ALBIN	24	
Adlibris Marknad	136	
Adolf Fredriks Kyrkogård	172	
AG	43	
Agnes	59	
Agrikultur	24	
All Blues	110	
Anders Franzéns Park	212	
Andréhn-Schiptjenko	184	
Antalis	143	
Aplace	114	
Äppelfabriken	99	
ArkDes	191	
Arkitekturskolan	148	
Artipelag	188	
Asplund	134	
At Six	229	
ATP Atelier	122	
Aula Medica	148	
B.A.R	28	
Babette	58	
Bageri Petrus	74	
Bar Central	44	
Barobao	42	
Barrio	89	
Bellevueparken	164	
Bengans	129	
Bergrummet	194	
Berns Hotel	234	
Berns Terrassen	206	
Betón	221	
Betonggruvan	140	
Bio Rio	197	
Birkastan	166	
Björk & Berries	117	
Bladverket	105	
Bleck	63	
BLK Denim	106	
Blueberry	83	
Bo Hotel	230	
Bobergs Matsal	40	
Bokslukaren	139	
Bondens egen Marknad	169	
Bonniers Konsthall	187	
Bookbinders Design	112	
Boulebar Tanto	97	
Bounce	217	
Brandstationen	132	
Brasseriet	47	
BrewDog Bar	85	
Broms	53	
Bryggartäppan	213	
Byggfabriken	141	
Byredo	116	
C Store Premium	124	
C.QP	122	
Café Nizza	48	
Café Pascal	50	
Centralbadet	238	
Centralposten	147	
Cheap Monday	106	
Christoffers Blommor	104	
Citykonditoriet	66	
Cleo et Lily	221	
Coffice	50
Combo Vinbaren	93
Comics Heaven	139
Corner Club	92
COW Parfymeri	117
DaySpa	117
Debaser Strand	202
Delikatessen	48
Den Gamle och Havet	29
Den Gyldene Freden	54
Designtorget	135
Djuret	43
Djurgården	241
Dr. Denim Gallery	107
Dr. Mat	37
Drakenbergs Sjölin	108
Dramaten	174, 200
Dramaten Terrassen	89
Drop Coffee	81
Drottning Kristina	160
Dusty Deco	131
EcoSTHLM	219
Edsvikens Musteri	98
Efva Attling	108
Ejes Choklad	73
Ekstedt	25
El Taco Truck Taqueria	46
Elfviks Gård	223
Engelbrektskyrkan	152
Ericsson Globe	151
Eriks Gondolen	56
Espresso Sosta Bar	80
Ett Hem	226
Eytys	121
F12	207

Fablab	114	Guldterrassen	95	Kaleidoskop	219
Falafelbaren	45	Gullvivan	104	Kalf & Hansen	35
Farang	41	Haga Tårtcompani &		Kallpressen	83
Färgfabriken	188	Bageri	64	Karla Frukt	73
Fasching	202	Hagaparken	240	Karlbergs Slott	155
Feministsmeden	110	Hallwylska Museet	63, 192	Katarina Kyrkogård	172
Filmstaden	175	Happy Socks	118	Katarina Ölkafé	84
Fjällgatan	159	Hawii Poké	37	Kautabak- und Streich-	
Fjärilshuset – Haga Ocean	222	Haymarket by Scandic	228	holzmuseum	194
		Hedengrens Bokhandel	136	Keen Stockholm	126
Flippin' Burgers	45	Hedvig Eleonora Kyrka	153	Kina Slott	154
Floristkompaniet	105	Hemlös Räv	161	Klättercentret	217
Folii	94	Herr Judit	127	Koloni	37
Första Parkett	203	Hillenberg	69	Konst-ig	138
Fotografiska	56, 186	Himlen	56	Konstnärernas	
Fryst	76	Historiska Museet	196	Centralköp	143
Galleri Magnus Karlsson	184	Hjerta	26	Konstnärsbaren	55
		Hobo	229	Köttmästarn	43
Galerie Nordenhake	184	Holy Greens	35	Krabat	218
Gallerie Steinsland Berliner	185	Hornsbergs Strandpark	239	Kreatima	142
		Hornstulls Marknad	168	Kristinebergs	
Gamla Enskede	167	Hotel Diplomat	227	Slottspark	213
Gamla Orangeriet	70	Hotel Kung Carl	235	Kronobergsparken	165
Gamla stans bokhandel	139	Hotel Kungsträdgården	226	Kulturhuset Stads-	
Gamla Stans Polkagris- kokeri	72	Hotel Skeppsholmen	234	teatern	151, 201, 215
		Hotel With	231	Kulturnatt Stockholm	178
Garbohuset	174	Hötorget	163	Kungstornen	147
Gården	97	Hovstallet	223	Kungsträdgården	163
Gast	50	Il Caffè	49	L:a Bruket	116
Gaston	93	Indio	42	La Petite Maison	218
Gastrologik	25	Iris Hantverk	141	Lagerhaus	111
Generator Hostels	230	Järnpojke	160	Laika	208
Grain Café	52	Jim & Jacob	61	Lakritsroten	72
Grand	199	Johan & Nyström	80	Långholmen	238
Grand Escalier	62	Juiceverket Odenplan	82	Långholmen Hotel	233
Grand Hôtel	234	Junibacken	215	Le Bistro de Wasahof	28
Grandpa	115	K-Märkt	40	Le Nom	61
Granit	112	K25	45	Le Rouge	47
Greasy Spoon	53	Kafé Orion	81	Leksaksborgen	218
Green Rabbit	74	Kaffeverket	49	Les Petits Boudins	75
Greta Garbo Torg	174	Kajakkompaniet	244	Lida Frilufstgård	217
Gro	30	Kaknästornet	57	Lidingö Musteri	98

Liljevalchs Konsthall	187	
Lill-Janskogen	165	
Lilla Ego	60	
Lilla ETC	221	
Lillebrors	74	
Linje Tio	90	
Livly	220	
Livrustkammeren	191	
Ljunggren	63	
Loppmarknaden Vårberg	168	
Loyal Gallery	185	
Luftballong	244	
Lund & Lund	123	
LUX Dag för Dag	26	
Luzette	67	
Lydmar Hotel	226	
Mahalo	83	
Makalösa Blommor	104	
Mälarpaviljongen	95	
Marabouparken	190	
Margaretha Krook	161	
Maria Nilsdotter	110	
Markuskyrkan	153	
Mäster Anders	54	
Matbaren	67	
Meatballs for the People	34	
Medelhavsmuseet	192	
Mellqvist Kaffebar	81	
Midsommarkransen & Telefonplan	167	
Mittsommer	179	
Milles	27	
Millesgården	190	
Mimmi Staaf Möbelmakeri	131	
Minh Mat	41	
Mini Rodini	220	
Miss Clara by Nobis	228	
Moderna Museet	186, 196	
Modernity	132	
Molins Fontän	160	
Monteliusvägen	158	
Moon Motel	209	
Mosaiska Begravningsplatsen Aronsberg	173	
Mosebacketerrassen	97	
Mother	30	
Mulle Meck-Parken	212	
Nathalie Schuterman	125	
Nationalmuseum	195	
Natten	209	
Naturhistoriska Riksmuseet	192	
Nitty Gritty	115	
Nividas	119	
Nobelberget	168	
Nobis Hotel	227	
Nook	87	
Nordic Fauna	77	
Nordiska Galleriet 1912	135	
Nordiska Museet	146, 214	
Nordwest-Kungsholmen	167	
Norra Begravningsplatsen	172	
Norrgavel	141	
Nosh and Chow	69	
Nostalgipalatset	129	
Nudie	106	
Nytorget 6	52	
Oaxen Slip	26	
Obaren	202	
Observatorielunden	158	
Old Touch	128	
Omnipollos Hatt	85	
Operakällaren Bakfickan	32	
Ordning & Reda	111	
Orionteatern	201	
Oscarsteatern	200	
Östermalmstorg	163	
Our Legacy	124	
Palmgrens	112	
Papercut	137
Paraden	69
Paradiso	86
Pärlans Konfektyr	72
Paul & Friends	123
Pelikan	55
Pen Store	142
Penny & Bill	86
Pepstop	82
Perspective Studio	135
Pet Sounds Records	130
Pharmarium	92
Piren	27
Plugged Records	129
Pom & Flora	53
Pop House	232
Popaganda	205
Portal	58
Postmuseum	215
Prinsen	34
Proviant	85
Proviant Bakficka	40
PUB	175
Punk Royale	60
Rålambshovsparken	241
Rathaus	150
RIB-Boat	245
Riche	34
Riddarholmskyrkan	152
Riddarhuset	146
Riddle Room	216
Riksdagshuset	147
Robin Delselius Bageri	75
Rodebjer	126
Rolfs Kök	59
Rönnells Antikvariat	137
Rosendals Slott	154
Rosendals Trädgård	70, 212
Rosenhill	99
Rutabaga	31
Rygerfjord	232
Sally Voltaire	31

Name	Page
Sandqvist	119
Sankt Johannes Kyrka	152
Scandic No. 53	230
Scarfó	77
Scenkonstmuseet	193
Second Home Apartments	231
Second Sunrise	128
Siv & Åke	128
Skandia	199
Skansen	196, 223
Skansens Marknader	169
Skinnarviksberget	158
Skogskyrkogården	173
Skoklosters Slott	155
Slakthuset	207
Slottsträdgården Ulriksdal	70
Snickars Records	130
Snö	76
Söderbokhandeln Hansson & Bruce	136
Södra Teatern	203
SoFo	166
Sommarbio	197
Speceriet	61
Spritmuseum	57, 194
Stadtbibliothek	150
STHLM World Music Festival	205
StikkiNikki	77
Stinaa.J	122
Stockholm Konzerthalle	151
Stockholm Design Week	178
Stockholm Filmfestival	179
Stockholm Jazz Festival	205
Stockholm Music and Arts	204
Stockholm Pride	179
Stockholm Waterfront	148
Stockholms Spelmuseum	193
Stockholms Stadsmissionen	127
Stora Skuggans 4H-Gård	222
Storkyrkobadet	239
Story Hotel	228
Strand Hotel	235
Strindbergs Intima Teater	201
Strömkajen's Fährhafen	149
Strömterrassen	88
Studio Barbara Bunke	143
Sturebadet	239
Sturecompagniet	208
Sturehof	28
Stutterheim	118
Summerburst	204
SUP	245
Sushi Sho	41
Svartengrens	44
Svartsö Logi	233
Svartvita Rum	114
Sven-Harry's Konstmuseum	149, 187
Svenska Armaturer	132
Svenskt Tenn	134
Swedish Hasbeens	121
T-Centralen	162
Tak Stockholm	88, 207
Takvandring/Rooftop Tour	244
Tambur	140
Tantolunden	240
Teatern	46
Tegnérlunden	164
Tekniska Museet	214
Tennstopet	54
Tensta Konsthall	190
The English Bookshop	138
The Flying Elk Back Bar	87
The Winery Hotel	233
Thorildsplan	162
Tom Tits Experiment	216
Tössebageriet	64
Totême	125
Trädgården	206
Tranan	32
Trattoria Svinet	62
Tritonia	84
TRIWA	119
Tweed	90
Tyge & Sessil	94
Ulriksdals Slott	155
Un Poco	47
Under Bron	209
Urban Deli	38
Urban Deli 9th Floor	88
Usine	38
Valand – Kafé Konditori	66
Värmdö Musteri	98
Vasamuseet	195
Vasaparken	240
Västerbron	159
Växthuset	30
Vete-Katten	66
Vina	93
Vintervikens Trädgård	71
Vitabergsparken	164
Volt	24
Wedholms Fisk	29
Woodstockholm	58
Yuc!	87
Zetas Trädgård	71
Zita Folkets Bio	197

IMPRESSUM

DEUTSCHE AUSGABE © 2019 BRUCKMANN VERLAG GMBH, MÜNCHEN

AUTORIN — Antonia af Petersens

FOTOS — Nadja Endler, www.nadjaendler.se; außer S. 33, 36, 65, 68, 91, 96, 109, 113 Lisa Arnold; S. 199 Shutterstock/Tupungato; S. 20-21 Magnus Skoglöf; S. 25 Fredrik Skogkvist, Magnus Skoglöf; S. 85 Hanna Wolff; S. 91 Joakim Hovrevik; S. 181 (unten) Artipelag; S. 237 Öppet Hav; S. 239 Artipelag.

COVERFOTO — The City Library (secret 267)

LAYOUT — Joke Gossé und Tinne Luyten

DEUTSCHE ÜBERSETZUNG — Simon Yblagger

PROJEKTLEITUNG — Annika Wachter

LEKTORAT — Britta Mentzel

KORREKTORAT — Anne Köhler

HERSTELLUNG — Alexander Knoll

© 2018 Luster, Antwerpen
Printed in Slovenia by Florjancic
ISBN 978-3-7343-1458-2
www.the500hiddensecrets.com

Alle Angaben dieses Werkes wurden von den Autoren sorgfältig recherchiert und auf den neuesten Stand gebracht sowie vom Verlag geprüft. Für die Richtigkeit der Angaben kann jedoch keine Haftung übernommen werden. Sollte dieses Werk Links auf Webseiten Dritter enthalten, so machen wir uns die Inhalte nicht zu eigen und übernehmen für die Inhalte keine Haftung.

Sind Sie mit diesem Titel zufrieden? Dann würden wir uns über Ihre Weiterempfehlung freuen. Erzählen Sie es im Freundeskreis, berichten Sie Ihrem Buchhändler oder bewerten Sie bei Onlinekauf. Und wenn Sie Kritik, Korrekturen, Aktualisierungen haben, freuen wir uns über Ihre Nachricht an: Bruckmann Verlag, Postfach 40 02 09, D-80702 München, oder per E-Mail an: lektorat@verlagshaus.de.

Unser komplettes Buchprogramm finden Sie unter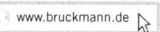

Alle Rechte vorbehalten.
Reproduktionen, Speicherungen in Datenverarbeitungsanlagen oder Netzwerken, Wiedergabe auf elektronischen, fotomechanischen oder ähnlichen Wegen, Funk oder Vortrag, auch auszugsweise, nur mit ausdrücklicher Genehmigung des Copyrightinhabers.

Die Deutsche Nationalbibliothek verzeichnet diese Publikation in der Deutschen Nationalbibliografie; detaillierte bibliografische Daten sind im Internet über http://dnb.d-nb.de abrufbar.